高职高专"十三五"创新型规划教材

U0685223

商业伦理学

（修订版）

主　编　霍丽娅　王勇术

副主编　王　蔚　肖李春

参　编　吴俊英　姚翠薇　邱恕洁

南京大学出版社

图书在版编目（CIP）数据

商业伦理学 / 霍丽娅，王勇术主编. — 南京 ：南
京大学出版社，2010.8（2017.7 修订版）

高职高专精品课程配套规划教材

ISBN 978 - 7 - 305 - 07408 - 0

Ⅰ. ①商… Ⅱ. ①霍… ②王… Ⅲ. ①商业道德－高
等学校：技术学校－教材 Ⅳ. ①F718

中国版本图书馆 CIP 数据核字（2010）第 158306 号

出版发行　南京大学出版社

社　　　址　南京市汉口路 22 号　　　邮　　编　210093

网　　　址　http://www.NjupCo.com

出 版 人　左　健

丛 书 名　高职高专精品课程配套规划教材

书　　　名　**商业伦理学（修订版）**

主　　编　彭白桦　杨晓刚

责任编辑　瞿昌林　　　　　　　　　编辑热线　010-82967726

审读编辑　梁　颖

照　　排　天凤制版工作室

印　　刷　廊坊市广阳区九洲印刷厂

开　　本　787×960　1/16　　　印张 14　　　字数 273 千

版　　次　2017 年 7 月第 2 版　2017 年 7 月第 1 次印刷

ISBN 978 - 7 - 305 - 09493 - 4

定　　价　38.00 元

发行热线　025 - 83594756

电子邮箱　Press@NjupCo.com

　　　　　　Sales@NjupCo.com（市场部）

前 言
PREFACE

商业伦理概念的提出始于亚当·斯密和马克思·韦伯。然而作为一个体系的提出，则是在 20 世纪 60 年代。20 世纪 70～80 年代商业伦理开始兴起，最终成为一门新的交叉学科。它的兴起，一方面是由于社会变化发展，先使公众舆论而后又使法律法规从企业外部对工商活动提出更高的道德要求，迫使企业管理重视商业伦理；另一方面是由于管理思想和实践的发展，也使企业内部的管理人员日益认识到，企业的长远发展与高效的企业管理，需要将伦理道德整合进企业的战略目标与行为规范之中。它的出现是社会进步和管理实践进入高级阶段的产物。企业遵循一定的道德原则，按伦理经营是企业可持续发展的必由之路。

由于企业管理的需要，近 20 年来，商业伦理已在发达国家的管理实践与研究教育中得到了飞速的发展。与此同时，伴随着中国经济体制转轨，出现了种种不道德工商活动。为了进一步完善社会主义市场经济体制，提高整个国民经济体系和企业组织的运作效率，探究商业活动中存在的伦理问题和提升商业伦理教育的质量，已成为一项紧迫的任务。

针对当前《商业伦理学》及其相关教材、资料相对较少的现状，本教材尽可能借鉴部分已有的成果，并在其基础之上，力图在内容深浅度、针对性方面定位于高职及大专类院校的读者。由于商业伦理学的自身特点——属于应用伦理学的分支，决定了这是一门理论与实践并重的学科。因此，在理论与实践内容各自所占的比重及其相互融合的程度方面，本教材编写的指导思想是"理论为基础，应用为目标"。"理论为基础"，是指其主要的理论着眼点为相关的"商务理论"和"伦理理论"——即本书内容在伦理理论的基础上侧重于商务应用、商务运作，服务于企业的商业价值目标，这是根本性的，也是全书内容编写的出发点和归宿点；"应用为目标"，即一方面将大量商务活动中出现的各种与伦理有关的经典案例作为辅助资料呈现在读者面前，另一方面，从生产厂商、消费者、跨国公司等商业流通中重要成员的角度对电子商务、商务管理等层面出现的商业伦理问题进行了实际的探讨，着眼于未来商业伦理发展的需要和提高企业的核心竞争力。

本书的主要特色是：

一是内容全面。本教材不仅介绍了商业伦理的相关理论基础，诸如商业伦理的概念、特征、发展史以及与商业道德的区别等，还侧重从商业流通的各个环节、各个不同商业主体的角度，对其中存在的商业伦理问题进行了阐述。

二是结合实践。本教材密切结合企业实际工作中遇到的相关伦理问题，为读者提供实务指导。在每章开篇有相关案例为引导，结尾都有案例分析，一些重点内容还配有一定的实践案例。整体内容上既包含基础理论部分又有商业流通环节中的伦理准则部分，突出对学生实际操作能力的培养。

三是结构合理。本教材结构安排合理，不仅增加了大量的实践案例，还在章节开篇和结束部分分别设置了学习目标和本章小结。另外，还根据章节内容编写了同步练习题，通过以上各个环节的内容安排，帮助读者增强学习效果。

本教材由四川教育学院霍丽娅、王勇术老师担任主编并负责全书统稿工作，由王蔚、肖李春老师担任副主编，吴俊英、姚翠薇、邱恕洁老师参与教材编写。本教材具体编写分工如下：霍丽娅老师负责编写第一章，王勇术老师负责编写第二章，王蔚老师负责编写第五章，肖李春老师负责编写第三、七章，吴俊英老师负责编写第九章，姚翠薇老师负责编写第四、八章，邱恕洁老师负责编写第六章。

本教材在编写的过程中得到了有关专家、学者和单位的支持和帮助，同时参阅了大量已出版的国内外商业伦理及相关内容的文献资料和网站，引用了一些有关的内容和研究成果，在参考文献中已列出。在此对各专家、学者及有关作者一并表示感谢。

由于时间仓促，书中难免有错漏之处，敬请各位专家和读者批评指正。

编　者

目 录 Contents

第一章　导　　论

学习目标

※ 了解商业伦理的含义及特征

※ 了解中国商业伦理的形成与发展

※ 理解商业伦理的本质

※ 掌握商业伦理的功能及作用

第一节　商业伦理的概念及特征

一、商业伦理的概念

公元前 4 世纪，亚里士多德在雅典学院讲授道德品行的学问，提出了"伦理学"这个术语，此后，伦理就成了与道德品行有关的概念。《礼记·乐记》"乐者，通伦理者也"，其"伦理"之意为：人与人之间应当遵守的行为准则。在中国文化里伦即人伦，是指人与人之间的关系；理即治理、整顿，是指条理、原理和规则。所谓伦理，是指在人与人的关系中所需要遵循的准则、原则和规定。

商业伦理是研究商业活动中道德伦理和道德实践的学问。它包括商业活动中的伦理要求，如商业竞争中的伦理要求、契约与合同中的伦理要求、市场营销中的伦理要求等。具体而言，商业伦理，是指任何从事贸易活动的单位或个人处理相互关系的行为规范和准则，也可以说，是商务活动中各方面理应遵守的一套行为规范和行为准则；既指商人采取什么样的态度对待贸易中的各种关系，又指商人在贸易关系中如何进行道德自律。

二、商业伦理的基本特征

商业伦理具有如下基本特征：

1. 功利性

商业伦理的功利性包括两个方面，即物质方面和精神方面。如经商就是为了赚钱，效益与效率原则是商业伦理的重要原则；又如，商业是最广泛、最直接与消费者打交道的行业，是一种中介行业，其基本点是服务，工作的出发点和归宿点都是服务。这两个方面的要求构成了商业伦理的功利性特点，这里有一个短期功利与长远功利的统一问题，两者关系的合理处理需要物质功利和精神功利的统一。

2. 专用性

商业作为一种专门从事交换的行业，必须有其专用性的行为规范，比如，诚信经营、义利结合、公平竞争等，都是商业伦理自身的特殊要求。但专用性也有规范性，即无论经济领域内的哪种职业伦理，都要以国家利益、企业利益和他人利益为重，不能出格，即必须符合政策规范、法纪规范的要求，商业伦理的特殊性必须体现出这种要求。

3. 相对稳定性

伦理与一般社会意识形态相比，具有更大的稳定性，商业伦理也不例外。但商业伦理的稳定性是相对的。我们在观察不同历史时期商业伦理的特征时发现，无论是中国还是外国，几千年来商业伦理现象的方向没有变化，即公平竞争、诚信经营、义利结合，但在不同的社会制度下、不同的经济体制下、不同的文化背景下，商业伦理的基本规范又有不小的差异，特别是理想的商业伦理和现实的商业伦理差异更大。

4. 超前性

伦理具有理想性与现实性相统一的特点，往往具有超出常人水准的先进属性，其价值观往往蕴涵着某种高于现实生活的理想成分，这就是伦理的超前性。商业伦理也具有这种特点，比如，我们通常所要求的"买卖公平、童叟无欺、公平竞争、等价交换，商业经营一切以消费者为中心"，说起来容易，做起来太难了，现实生活中，有些企业和商人的物质利益的动机往往占了上风。

5. 滞后性

滞后性是指商业伦理往往带有一些"传统的惰性"、"体制习惯性"。具体表现为：环境变化，条件变了，不合时宜的伦理观念还在发挥作用，新的伦理观念发挥作用遇到阻力。比如，竞争，很多人就难以适应，连买东西也不愿意讨价还价，更别说充分竞争了；又如分配，现在还有很多人认为，不能搞平均主义，但也不能拉大收入差距；再如消费者自我保护意识弱，不逼到一定的份上，消费者吃了亏还是忍气吞声，等等。伦理的滞后性是相对于经济发展而言的。滞后的道德往往是旧经济关系的产物，新的经济关系不是它的生成条件。

第二节 商业伦理的功能与作用

商业伦理作为一种内在约束力，凭借自己的本质力量及自身的功能，在政治、社会、市场、管理等方面发挥着调节和促进作用。

一、商业伦理的功能

商业伦理的功能主要有：

（1）能调节社会利益关系。在商业活动中，无论是企业还是个人，都要追求经济效益。对企业来说，经济效益涉及企业的集体利益；对个人来说，经济效益关系到个人的自身利益。无论是企业的、集体的、局部的利益，还是个人的利益，都有一个原动力——对利益的追求。商业伦理通过道德教育及个人道德修养，以内心信念、道德规范、传统习惯和社会舆论等方式，使企业家和经营者加强道德自律，提高自身的道德素质，合理调整个人利益、企业局部利益和社会整体利益的关系。

（2）具有认识功能。这是指伦理所固有的反映自己的伦理关系和伦理现象的能力。其表现为道德标准、道德意识、道德原则、道德规范、道德范畴和道德理论体系，等等。简言之，伦理的认识功能内容包括：道德主体对道德关系和道德现象的认识、道德主体对道德课题与现实世界的价值关系的认识。商业伦理的认识功能可以引导人们树立正确的个人利益观、金钱观，培养人们追求卓越、创造业绩的成就感、荣誉感和社会使命感，从而帮助人们树立强烈的积极进取精神和创造精神，也使人们的经济行为具有更积极、更高尚的动机。

二、商业伦理的作用

商业伦理可以促进市场失灵问题的解决。一方面，商业伦理可以规范市场运行。在我国社会主义市场经济初期，市场发育不成熟，市场运行还处在不规则状态，在商业活动中还存在大量不道德，甚至是涉及违法乱纪的问题。市场机制不是万能的，不可能解决一切经济和社会问题，这就需要商业伦理规范市场运作。另一方面，商业伦理可以弥补市场缺陷。所谓市场缺陷，是指在满足一切理想条件，从而在市场机制能够充分发挥作用的情况下，市场对一些经济活动仍然无能为力。这个时候就需要商业伦理发挥其补充作用，以弥补市场的缺陷，即所谓法制与德治相结合。

第三节　商业伦理与商业道德的关系

一、商业伦理与商业道德

"伦理"与"道德"这两个概念，无论是在汉语里，还是在其西文的对应词里，一般不作很严格的区分。它们都关乎人们行为品质的善恶正邪，乃至生活方式、生命意义和终极关怀。因而，以道德为研究对象的伦理学，也就是关于这些问题的种种说法和道理的一门学问。"伦理"与"道德"这两个概念大致相同，经常可以互换使用，所以"商业道德"与"商业伦理"在大多数情况下也都是被用作同义词的。

但是，无论在日常用法还是在其语源和历史用法中，两者还是有一些变化和差别，观察这些变化和差异，将有助于我们较深入和全面地理解商业伦理学的研究对象。比方说，我们在日常生活中使用"商业伦理"、"商业道德"，我们会说某人"有商业道德"，或者说是"有商业道德"的人，但一般不会说这个人"有商业伦理"，是"有商业伦理"的人；而另一方面，我们一般都用"商业伦理学"，甚至可直接用"商业伦理"来指称这门学科，而较少用"商业道德学"来指称。

"商业道德"与"商业伦理"这两个词的历史用法大致也是如此，它们的古今用法比较趋于一致。即便在儒家那里，传统的"商业道德"概念本身也含有较浓厚的自我主义和强调主体观点的痕迹。到了近代中国，"商业伦理"和"商业道德"才成为固定的和基本的伦理学概念，并且分别和西文中的词有了约定俗成的联系，如"商业伦理"一般对应于英文中的"business ethics"、"business ethic"，商业道德一般对应于"business moral"或"business morality"，但是两者又不是、也不可能完全对应，这样，有时会造成一些理解上的困难，容易混淆，我们要细加辨析。

伦理，是指一定的人际关系规范及其相应的道德原则；道德，是伦理学的研究对象，指以善恶评价形式，依靠社会舆论、传统习俗和内心信念来调节人际关系的心理意识、原则规范、行为活动的总和。

现代商业伦理是社会道德的一个重要组成部分，就整个社会的经济伦理体系来说，现代商业伦理是经济伦理的四个组成部分之一，是流通领域中的一种交换伦理；从伦理和应用的关系来说，现代商业伦理是社会道德在商业领域的具体体现，是一种职业伦理。因此，商业伦理既可以理解为经济领域的交换伦理或流通伦理，又可以理解为社会领域的职业伦理。当我们从宏观的经济角度审视商业伦理时，可以侧重于研究其作为经济的交换伦理或流通伦理的内涵；当我们从微观的经济角度审视商业伦理时，可以侧重于研究其作为个体的职业道德品质、职业道德规范和职业道德活动的内涵。

二、商业道德是商业伦理学研究的基本问题

商业伦理学的研究对象是商业领域的道德规律和利益关系，商业伦理学是研究商业道德的学科，它是对商业道德现象的理论概括。马克思主义认为，伦理学作为一门学科，研究的对象是道德的本质及其发展规律。商业伦理学包括的主要内容有：商业道德的起源、形成和发展规律；商业道德和经济基础相互作用的规律；商业道德与其他上层建筑和意识形态相互作用的规律；意识形态的形成规律；商业道德行为的发生规律；商业道德评价、商业道德教育和修养等活动规律。可见，商业道德与利益的关系是商业伦理学研究的基本问题。关于这个问题在导言中已有论述，这里不再展开。

从商业伦理的规范体系的角度来看，伦理的规范体系是以基本的道德原则为核心展开的应用伦理规范体系。道德以道德规范为基本单元和核心。所谓规范，就是人类自我规定的特定生活模式或行为方式，是限定行为方向或运行范围的标准或准则。所谓道德规范，简单地说，是道德关系的一种价值指令或价值命令形式，这种价值指令或价值命令是人类在长期的探索和选择的历史事件基础上，向自己提出的行为要求或行为导向，并以社会所要求的行为准则的形式表现出来。由此出发，商业行业的道德规范又表现为各个具体行业的道德规范，包括采购业的道德规范、销售业道德规范、饮食服务业道德规范、储存运输业道德规范、广告业道德规范、会计业道德规范，等等。社会主义商业伦理规范体系就是以集体主义为原则，以上述行业道德规范为中心，由具体商业中各行业道德规范体系所组成的系统。

三、商业道德是商业伦理发展的内在驱动力

商业伦理是研究商业领域的规律和利益关系的科学。它概括和总结了商业活动中的道德规范，是商业行为中普遍认可的道德原则和行为规范体系。所谓商业伦理，是指在商业活动中，商家以及成员在从事经营时，完善其素质和协调商业内外部利益关系的善恶价值取向以及在行为和品质上遵循的伦理原则、道德规范准则的总和，是一定的社会关系不完整和阶级要求在商业领域中的具体化和职业化。

　　所谓商业伦理是指人在各种职业行为道德中，都不能不蕴涵伦理的原则于行为规范问题中，也就是说，商业道德不能没有商业伦理的指导和规约，某种商业道德的选择不能不受商业伦理的制约，而其中的目的也不能没有商业伦理意识的介入。

　　中国商业伦理以丰富多彩的文化道德遗产为基础，崇尚个人的修身与正义，表现为社会组织和团体机构中井然有序的人际关系。这种传统的根基来自儒家、法家以及道家的思想学说。儒家思想对传统的商业伦理产生了强大影响。如今，随着中国现代化的进程加快，西方启蒙运动的商业与社会思想也开始对中国的商业伦理产生越来越强烈的影响。

　　目前，对中国伦理道德的讨论依然停留在一个非常传统的思想道德层面。官员腐败、利益冲突、自私自利、各种形式的权利滥用以及为富不仁的道德机会主义层出不穷。同时，中国的道德思想家正在努力融合西方经济理论和政治思想中所蕴涵的道德美德，如个人自由和权利、公共政策选择中的道义、分配正义等。从传统上讲，中国人对道德的追求大体上是公共化的，崇尚通过"中道"达到道德的统一。

　　中国的基本伦理传统为今天探讨商业行为提供了一个指南。分析的核心在于关系的质量。规范地讲，"仁"构成了个人行为和社会体制中美德与公正的概念基础，它包括了仁慈、善良和人性等十分复杂的内涵——"仁者爱人"，以切合人伦为标准，正确的行为成为一种亘古不变的道德行为模式。中国的处事哲学中还有两个重要的日常道德概念维系着人际关系，即"面子"和"仁义道德"，前者强调人与人之间的互相尊重，即所谓"敬人者，人恒敬之"；后者强调彼此的义务和承诺，即所谓"言而无信，不可知其也"。

　　行为的道德标准和社会标准从文化上被认为是维护社会道德秩序所需的宗教化和社会化的个人行为规范。它在伦理意义上却迥然不同。孔子所说的"礼"是基于"性本善"的人性观，强调以"德"和"礼"来弘扬人的善良本性和个人德行；继而认为制定强制性的道德准则和规范是没有意义的，因而，违背"礼"的行为会导致更可怕的人际关系和社会的制裁。而法家说的"法"是基于"人之性恶明"的"性恶说"，"故将必有师法之化"，以弥补"仁德"在维护社会秩序方面的不足。从理论上来说，制定法律的目的，只是为约束那些已经背离了人际关系的人和德行不高的阶层，以促使他们恢复"礼仪之道"，因此，中国的商业道德教育倾向于思想道德的灌输，而对严格规定的法律不那么重视。

　　进入经济改革的时代，这些不成文的、约定俗成的社会规范仍然在中国人心中占据重要地位。同时我们也注意到，中国传统伦理显然缺乏西方伦理学中的个人主义化和功利主义色彩，为此，中国的商业伦理正经历着一场巨大的革命，其价值观念和行为标准将囊括全球伦理的所有问题：社会商业关系、政府与企业的合作、普遍标准相对于具体的国家标准、跨文化伦理观的比较以及发展中国家的伦理视角、企业和各国公司的道德规范、涉及利益相关者的种种问题以及伦理教育，等等。[1]

第四节 商业伦理学的研究对象和结构层次

一、商业伦理学的研究对象

商业道德是商业伦理学的研究对象。商业道德主要围绕两大方面展开：

（一）商业道德与商业利益的关系

"道德"是相对于物质利益而言的，也可以理解为道德利益，例如良心、人格等等，显然是一种精神性的道德利益；这里的"利益"是相对于道德而言的，实际上是指物质利益。但无论何种利益，都是人们通过社会关系表现出来的不同需要。从伦理学的角度看，在商业经营过程中要处理好以下利益关系：公与私的关系，即国家、集体、个人之间的利益关系；大与小的关系，即社会整体利益与局部利益的关系；远与近的关系，即长远利益和眼前利益的关系；义与利的关系，即道德利益与非道德利益的关系。这些利益关系协调好了，商业主体之间就能和睦相处、公平竞争，政府与企业之间就会共同受益、相互支持，市场秩序就会井然有序，企业可持续发展，消费者利益受到保护。

道德与利益的关系决定了道德的本质以及所有道德现象，它不仅是全部道德的核心问题，也是整个伦理学的重大的基本问题，同时，商业道德与商业利益的众多问题也是商业伦理学的重大的基本问题。

（二）商业道德的结构

在伦理学中，道德现象的内部结构往往被认为是道德结构。在道德结构的总图景中，被道德关系所决定的道德现象有三种，即道德意识形态、道德活动形态和道德规范形态。这三种形态统称为道德形态。就商业道德而言，商业道德现象的结构也表现为商业道德意识形态、商业道德活动形态和商业道德规范形态。商业道德形态的三大结构是相互联系和不可分割的整体。因为，商业道德意识形态指导商业道德活动，有着向活动形态转化的趋势；同时，商业道德活动又是商业道德意识的外在表现，是新

---

〔1〕纪良纲主编：商业伦理学，100－105页，北京：中国人民大学出版社，2005。

的意识形态形成的生活基础，是业已形成的商业道德意识得以巩固和发展的根本条件；商业道德规范则是在一定的商业道德意识和商业道德活动基础上形成的，并集中体现着商业道德意识和商业道德活动的统一。

二、商业伦理学的结构层次

商业伦理学是实践性较强的应用伦理学，在实际的操作中，我们可以依不同的目标和不同的动力，将其划分成三个不同的层次：微观、中观和宏观。

在微观层次上，我们探讨单个的人——雇员或雇主，同伴或经理，消费者、供应商或投资者——做什么，能做什么，以及应该做什么，必须去理解、去设想他们的伦理责任。这里的关键点是，个人在特定的自由空间里进行决策和行动，而这自由空间自然受到很多条件的限制。

在中观层次上，不仅包括了经济性组织如公司、厂家，而且还包括了贸易联盟、消费者组织和各种职业联合会等等。尽管这些组织最终是由个人组成的，但是他们的行为都不能简单地表述成单个成员的行为之和。组织具有自己的利益和行为方式，并能发展成一定的自治性，所以它是一个重要的"伦理角色"，这种角色可对应于个人被看做成一个"道德个人"。

在宏观层次上，伦理角色的本质与微观和中观层次大不相同，这个层次包括了经济制度和经济条件的形态，如经济秩序、经济、金融、社会改革、国际经济关系等。

区分这三个层次有着重要的现实意义，因为，当人们讨论商业伦理问题时，往往会忽略这个或那个层次。三个层次概念的中心点是尽可能具体地去认识决策、行动和责任之间的联系，因而，问题就变成了这样：在每一个层次上能做什么以及应该做什么。每一个角色不能将它的责任推到其他角色身上，也不能将责任从一个层次推到另一个层次上。例如当公司的伦理问题处在利害关系之中时，就不能看成是个人的问题，也不能将其推到制度的层次上。当我们面临具体的决策和行动时，首先不能问别人和其他公司，或其他的制度应该如何采取措施，而是应该问我本人、我所在的公司和所依赖的制度是如何看待问题、如何设想伦理责任的。

本章小结

商业伦理，是指任何从事贸易活动的单位或个人处理相互关系的行为规范和准则，也可以说是商务活动中各方面理应遵守的一套行为规范和行为准则。具有功利性、专用性、相对稳定性、超前性和滞后性五大特点。

商业伦理具有调节社会利益关系和认识两大功能；具有促进市场失灵问题解决的作用。

商业道德是商业伦理学研究的基本问题。商业道德是商业伦理发展的内在驱动力。商业道德主要围绕"商业道德与商业利益"、"商业道德结构"两大方面展开。

商业伦理学是实践性较强的应用伦理学，在实际的操作中，我们可以依不同的目标和不同的动力将其区分成三个不同的层次：微观、中观和宏观。

同步练习

一、单项选择题

1. 把商业伦理的概念引申到（　　）领域就形成了商业伦理的概念。

A. 商业　　　　　　B. 市场　　　　　　C. 经济

2. 商业伦理的功利性包括两个方面即物质方面和（　　）。

A. 分配方面　　　　B. 长远方面　　　　C. 精神方面

3. 伦理具有理想性与现实性相统一的特点，往往具有超出常人水准的先进属性，其价值观往往蕴涵着某种高于现实生活的理想成分，这就是伦理的（　　）。

A. 超前性　　　　　B. 滞后性　　　　　C. 相对稳定性

二、多项选择题

1. 商业伦理的特征包括（　　）、（　　）、（　　）。

A. 功利性　　　　　　　　　　　B. 专用性

C. 时代性　　　　　　　　　　　D. 超前性

2. 商业伦理既是一种（　　），同时又是一种（　　）。

A. 职业道德　　　　　　　　　　B. 商业道德

C. 伦理道德　　　　　　　　　　D. 社会道德

3. 商业伦理的功能包括（　　）和（　　）。

A. 调节功能　　　　　　　　　　B. 规范功能

C. 认识功能　　　　　　　　　　D. 主导功能

三、简答题

1. 如何理解商业伦理的本质。

2. 结合实际，谈谈我国企业践行商业伦理的现状。

四、案例分析题

美国三大评级机构遭调查[1]

美国证交会在 2010 年 5 月 26 日表示，他们已开始调查标普、穆迪和惠誉等三大信用评级机构。据中国证券报报道，今年 5 月 21 日～22 日两天，全球第二大信用评级机构穆迪投资者服务公司（Moody's Investors Service）的母公司——穆迪公司（Moody's Corp。）的股价连续两天暴跌，总跌幅超过 24%，原因就是监管当局开始调查该公司是否有高管掩盖了某些电脑错误，结果给某些金融产品的评级超过了它们本身应有的级别。去年，穆迪公司的股价已经下跌了 49% 左右。

穆迪公司发言人 21 日称，他们正在进行一个"全面审查"，以确定是否有电脑错误，导致对一个总额达 40 亿美元的欧洲债券给出了"Aaa"评级，但该债券的价格日前也出现了暴跌。

穆迪公司一些高级雇员在 2007 年初就发现，一些被称为"constant proportion debt obligations"的金融产品（这些基金主要靠借钱来押注在某些信贷违约掉期合同上），它们的信用评级本应该被降低四个等级，但据英国《金融时报》报道，穆迪公司为此修改了其评级标准，以免授予这些金融产品的评级过低。

欧洲银行推出了总额达 40 亿美元的 CPDOs，那些获得最高信用评级的 CPDOs 的年利率可达 2%，远远高于同期货币市场的利率水平。标准普尔公司是全球最大的信用评级机构，它也给 CPDOs 授予了较高的信用评级。

请思考：

1. 你认为标普、穆迪和惠誉等三大信用评级机构存在违背商业伦理的情况吗？

2. 标普、穆迪和惠誉等三大信用评级机构如果存在做假行为，将会给社会带来怎样的后果？

---

〔1〕 新浪网：http://finance.sina.com.cn/roll/20100603/10028052786.shtml

第二章　商业伦理的形成与发展

学习目标

※ 商业伦理思想发展的主要阶段
※ 东西方商业伦理学的差异性与共生性
※ 商业伦理发展的历史必然性

第一节　国外商业伦理的形成与发展

一部伦理思想史，是人们对社会道德现象的认识日益扩大和深化的历史，是科学伦理思想萌芽、产生和发展的历史。这一认识发展过程，始终贯穿着唯物主义和唯心主义两种哲学倾向，也始终同人类社会的进步与反动的斗争联系在一起，并由此呈现出错综复杂的情形。伦理思想的发展，总是反映着一定社会或阶级的利益要求，大体上同社会形态的前后更替相适应。

一、国外伦理思想发展的主要阶段

（一）奴隶社会的伦理思想

伦理思想最早可以追溯到奴隶社会。古希腊罗马哲学家们的伦理思想是奴隶社会伦理思想的典型代表。在这个时期的较早的伦理思想是赫拉克利特的思想，他已在事实上提出了个人行为和社会整体的关系问题。在波希战争以后，围绕着道德和利益的关系问题（如什么是"善"，什么是"幸福"等），以德谟克利特为代表的唯物主义哲学学派和以柏拉图为代表的唯心主义哲学学派之间，展开了长时间的辩论。就其中基本倾向来看，德谟克利特路线一般坚持从利益角度说明道德，在维护奴隶主阶级的整体利益的同时，也能比较注意广大平民的个人利益；而柏拉图路线则否认道德同社会物质生活条件的联系，往往用抽象的虚伪说教压制平民的进步要求，抹杀奴隶作为人的最起码生活需要。在古希腊罗马伦理思想的发展中，亚里士多德的贡献是不可磨灭的，他坚持德谟克利特路线的伦理学倾向，并进行了广泛而有成就的探究，从而在总结前人研究成果的基础上，形成了较为系统的伦理思想，为西方伦理学成为相对独立的学科奠定了基础。

（二）封建社会的伦理思想

欧洲封建社会的伦理思想，是在封建专制和基督教神权统治下发展起来的。在这个历史阶段，伦理学和其他学科一样，不过是神学的婢女，所有道德问题都变成了神学问题。基督教的伦理思想，主要围绕两个问题展开，一是善恶来源问题；二是人应该不应该追求现实幸福的问题。他们大多数坚持奥古斯丁的"原罪"说，认为人生来是有罪的、无德性的，只有向上帝忏悔，才能因得到"神的启示"而具有德性。他们都以禁欲主义为信条，要求人们轻视尘世上的快乐，去追求"天国"中的"永恒幸福"。中世纪的伦理学，虽然更注意了道德的准则性方面，即人与人、人与神之间关系的研究，相对于古希腊罗马伦理学，在某种程度上也可以说是一个进步，但是它在把道德推及到人与人之间的关系准则的同时，又把道德推出了整个现实世界之外，从而使道德问题完全成为神学问题，这可以说又是伦理思想的一个退步。[1]

（三）资本主义社会的伦理思想

人类进入资本主义社会以后，特别是当无产阶级从"自在"阶段上升到"自为"阶段以后，伦理学不再为统治阶级所垄断，除了资产阶级的伦理思想体系外，也逐步形成了无产阶级的伦理思想。这里只分析资产阶级的伦理思想。

14 世纪以后，随着资本主义经济关系的发展，欧洲逐渐形成了与宗教伦理思想相对立的资产阶级伦理思想。在这个历史阶段，资产阶级的思想家们不仅广泛地研究了道德问题，而且力图克服古希腊罗马伦理思想和中世纪伦理思想的片面性，从个人与社会、主观与客观的结合方面来探索道德。在这个探讨过程中，唯物主义者和唯心主义者的分析也是很明显的。以爱尔维修为代表的唯物主义哲学家们，是把人们的所谓"感性的印象和自私的欲望、享乐和正确理解的个人利益"视为"整个道德的基础"。以康德为代表的唯心主义哲学家们，则力图从所谓"善良意志"或"自由意志"等概念出发，来说明道德问题。当然，他们在各自的研究领域中，都对伦理学的发展做出了一些贡献，包括把道德同人们的现实关系和实际利益联系起来（如 18 世纪法国唯物主义者），使伦理学具有较严谨的理论体系（如斯宾诺

---

〔1〕 纪良纲主编：商业伦理学，31 页，北京：中国人民大学出版社，2005。

莎、康德等），对道德问题进行辩证思考（如黑格尔），等等。但是，不论唯物主义哲学家还是唯心主义哲学家，从根本上说，都没有对道德问题上升到科学的认识高度。

西方世界的商业伦理思想的发展史同资本主义市场经济理论的建立和发展紧密相关，思想家们的主要着眼点集中于商业伦理的宏观方面，即政府和市场的关系方面。概括地说，其商业伦理思想也与资本主义市场经济理论一起经过了三个发展阶段。

第一阶段，从17世纪中叶到1870年"边际革命"——在西方经济学发展史中通常称这一阶段为古典经济学阶段。这一时期是传统的市场经济战胜封建的自然经济的时期。作为资产阶级的学者，其根本任务是论证资本主义的进步性，论证市场经济的合理、合法性，为经济动机的合理性进行辩护。其主要代表人物是古典经济自由主义的集大成者、英国经济学家、伦理学家亚当·斯密以及法国的伦理学家蒙德维尔等人。

以亚当·斯密为代表的古典经济学理论家主张建立自由放任的市场经济体系，强调经济活动的内在动力是个人利益冲动，认为国家干预经济生活是十分危险的。"如果政治家企图指导应如何运用他们的资本，那不仅是自寻烦恼地去注意最不需要注意的问题，而且是一种不能放心地交给一个大言不惭地、荒唐地自认为有资格行使的人，是再危险也没有了。"与此相适应，这一时期的伦理学主流则是为个人利己的利欲冲动的合理性作论证和辩护。如蒙德维尔就提出了"私恶即公益"的经济伦理原则。法国的启蒙思想家们也提出了"合理利己主义"。马丁·路德、加尔文等神学家们也在禁欲主义思想的前提下，提出了承认世俗谋利合理性的新教伦理这一资本主义精神。这一时期的思想家们还揭示了个人私利与社会公益之间的矛盾，并为自由竞争的市场经济提供了系统的伦理辩护。

第二阶段，是从1870年的边际效用理论的提出到19世纪末20世纪初。这一时期，西方各主要资本主义国家已经基本完成工业革命，现代工厂制度和大机器生产有力地推动了社会生产力的迅速发展。现代交通工具的出现和广泛应用，加速了国内外市场的形成，随着技术的进步，生产均衡的局面被打破，生产过剩的经济危机不仅成为现实，而且呈现出周期性的规律。与古典经济学不同，在20世纪初占统治地位的新古典经济学不再存在市场交易的公正性和等值性，也就是说，它不需要市场经济存在的合理性，而是深入市场经济内部进行更具体、更"精确"的实证研究。其代表理论有"帕累托佳境"和极端的"功用主义"。其代表人物是经济学家帕累托和经济学家、伦理学家约翰·穆勒。

从 19 世纪末到 20 世纪的前 30 年，西方经济学术界用"边际效用"的经济理论代替了古典的劳动价值论，提出了一个所谓的排除一切外部条件的制约，在完全竞争的状态下，市场制度自动实现社会资源配置的"帕累托最优"，把自亚当·斯密以来的自由放任的市场经济理论推向极端。这种理论，从本质上看，与其说是一种经济理论，倒不如说是一种经济伦理理论。因为实现"帕累托最优"的前提是守信、公平交易、讲究平等，而守信、公平交易、讲究平等本身更多地体现了伦理要求。[2]

第三阶段，这一时期是从 20 世纪 30 年代直到现在。西方经济学的发展可谓异彩纷呈，学派林立。20 世纪上半叶，资本主义市场发展的高度垄断化，导致了瓜分世界市场战争的爆发，席卷欧美的经济危机打破了市场万能的神话，人们开始怀疑市场经济的自发性，开始认识到市场与伦理的关系牵动着效率与公平的关系，牵动着经济发展、社会发展和人类发展的可持续性这一事实。西方的经济学界转而主张政府干预。主要代表人物有美国经济学家凯恩斯、布坎南，社会学家贝尔，德国经济学家、伦理学家霍曼、乌尔利希、科斯洛夫斯基等。

20 世纪 30 年代，席卷西方世界的经济危机打破了市场万能的神话。1936 年，凯恩斯撰写了《就业、利息和货币通论》一书，提出了政府干预经济的理论。这种经济理论开始成为现实的经济模式和现实的经济政策，政府开始在市场经济的运行中扮演重要角色。进入 60 年代，政府干预的局限性逐渐显露，要求重返古典经济学的呼声渐高，于是出现了重返市场机制的"新自由主义理论"和"公共选择理论"。也有学者试图采取一种"中庸"的立场，把政府和市场的作用结合起来：由于市场失灵，政府应当发挥一定的经济管理的职能作用；而又因为政府的"无效"，所以政府只能发挥有限的经济作用。这三种理论的基本点都是强调通过政府干预，清除自由放任的市场经济的个人利己主义、拜金主义对社会整体的腐朽作用及产生的负面影响；强调国家应该通过制定规范的经济政策，使个人在谋取自身利益的同时，在客观上能注意到社会的整体利益，并促进整个社会利益的提高。基于此，贝尔认为，30 年代以后的西方经济学理论，本身就是一种经济伦理理论，两者紧密结合，不可分割。

二、马克思主义伦理思想是人类伦理思想的新阶段

马克思主义伦理思想产生于 19 世纪 40 年代。马克思主义的创始人马克思和恩格斯，在创立科学的哲学、政治经济学和社会主义理论的同时，也逐步形成了科学的伦理思想。马克思主义伦理思想的产生，是人们对社会道德现象的认识的一次伟大飞

---

〔2〕纪良纲主编：商业伦理学，32—37 页，北京：中国人民大学出版社，2005。

跃，标志着人类伦理思想进入了一个崭新的阶段。无产阶级及其反抗资产阶级斗争的发展，是马克思主义伦理思想产生的客观社会基础；历史上的伦理思想，是马克思主义伦理思想的重要理论来源；批判同时代反科学的伦理思想，是马克思主义伦理思想产生的重要契机。

1. 它使伦理学从唯心史观的束缚中彻底解放出来

以往的伦理学，不论是唯心主义者的伦理学还是唯物主义者的伦理学，由于都不是从现实的社会关系，特别是从社会的经济关系来说明道德，总的说来无不束缚于唯心史观的樊篱中，并因此而不能成为科学的道德理论，至多也只能是"积累了零星收集来的未加分析的事实，描述了历史过程的个别方面"。马克思主义伦理思想完全建立在历史唯物主义的基础上，从现实的社会关系，特别是从社会的经济关系来理解道德，并因此能够深刻揭示道德的根源、本质和各方面的规律，从而使伦理学有史以来第一次彻底冲破唯心史观的樊篱，变成真正的科学。

2. 它彻底转变了伦理学服务的方向

以往的伦理学，大多是剥削阶级的道德理论，是为剥削阶级的利益服务的，但又总是掩盖其阶级性，把他们宣扬的道德打扮成超阶级的全人类道德。马克思主义伦理思想则不然，它公开简述自己的党性原则，并破天荒地第一次彻底地表达劳动人民的利益和要求，自觉地使伦理思想成为无产阶级的道德理论，从无产阶级的阶级利益出发，概括共产主义道德的原则和规范，指导人们的道德实践。因此，它彻底地改变了伦理学服务的方向，并由此使伦理学从根本上实现了科学性和革命性的统一。

3. 它在广泛而深刻的意义上实现了理论和实践的统一

以往的伦理学，由于历史的局限和阶级的局限，往往脱离人们现实的道德关系和道德实践，去虚构道德的所谓"价值体系"，进行概念的推演和空洞的说教，倡导唯心主义的修养，终究不能成为广大人民群众改造现实和自身的精神武器，实现从理论到实践的飞跃。与此相反，马克思主义的伦理思想，不是从某种先验的原则上来虚构的，而是来自无产阶级和广大劳动人民的社会实践，并服务于无产阶级和广大劳动人民的社会实践的。因此，它从内容到形式上都是现实的，因而能够成为广大群众改造社会和自身的精神武器，在广泛而深刻的意义上实现了从理论到实践的飞跃。

三、外国商业伦理思想

外国古代商业伦理思想强调以道德规范商业活动，认为只有与身份相符的生计活动才合法正当，反对无限度的牟利交换。

（一）外国商业伦理思想的主要内容

1. 崇尚、赞美劳动，重视农业，轻视工商业

古希腊罗马人认为，只有辛勤的劳动才能致富，而且认为劳动是神明所赋予的使命。这样一种劳动观激发出一种敬业精神，同时也要求人们恪守社会分工，尽职尽责。而他们所重视的劳动主要是农业劳动，认为农业是至尊的事业，手工业和商业只是粗俗技艺，靠贱买贵卖来谋利是不光彩的。

2. 强调财富的获得要符合道德

古希腊罗马人认为适度是德性的特征，过度和不及都是恶的表现。因此，从节制角度看，拥有中等财富是最理想的。亚里士多德认为财富之术属家务管理的范围，因此，应该有限度。他规定了经济活动的道德标准：即满足人生存需要的致富活动如农、牧、渔、猎是自然合理的，而为积累而积累的敛财术如商业是不自然的，应受到指责。在近代以前，这种商业活动从属于伦理道德的观念一直占统治地位。

3. 重视商业行为中的奉法精神

在古希腊罗马人看来，奉法精神是一种伦理精神，正义就是守法。自然法由于与神性、理智、正义、理性、公正等伦理准则联系在一起，所以成为古希腊罗马人普遍的价值观，并自然而然地导入商业行为之中。在自然法诸多经济职能中，最引人注目的就是尊重财产私有权。古希腊的梭伦改革、古罗马的《十二铜表法》以及其他一些法律条文，都包含了尊重财产私有权的精神。与自然法概念相联系的契约思想是奉法精神的又一表现。从正义观出发，伊壁鸠鲁最早提出契约思想，他认为自然的公正是引导人们避免彼此伤害和受害的互利的约定。古罗马《十二铜表法》中的《债务法》规定："对背信弃义者，诉讼永远有效"，就是要维护契约的尊严。这种契约思想规定了商业活动中要讲究公正、诚信，不能欺骗顾客、出售假冒伪劣商品。奉法精神为以后资本主义商品经济的发展提供了重要的传统文化资源。

（二）外国商业伦理思想的动因

外国近代社会是一个自然经济走向商品经济，进而形成资本主义市场经济的过程，也是经济联系从社会与文化准则中脱离出来的过程。与此相应，伦理观念也经历了一场变革，为商业活动提供了伦理动因和道德基础。主要内容包括：

1. 论证了商业动机和商业活动的正当性

从传统社会向近代社会转变的一个关键因素是使以往被视为"不正常"和"不正当"的商业动机变成"正常"和"正当"的。新教伦理提出了劳动天职观，强调努力工作，获取世俗成功是对上帝应尽的义务，是获得上帝救赎的信心保证。它所倡导的劳动和工作，不只是从事生产劳动，也包括经商来谋利。这样，劳动天职观激发了人们的成就动机和财富欲，使谋利活动得到了宗教伦理的认可和激励。新教伦理的一些信条，如富兰克林的"时间就是金钱"、"金钱具有繁衍性"的信条，就是一个生动表现。17～18 世纪，近代世俗伦理学说更加从伦理上系统论证了个人功利追求的合理性。从霍布斯开始，英国经验论的哲学从感觉论出发，把快乐即欲望的满足视为善，把"权利欲、财富欲、知识欲和荣誉欲"视为人的最基本的欲望。到 18 世纪，法国的爱尔维修明确提出"利益"的概念，并把个人利益作为人们行为价值的唯一鉴定者。这样，个人利益就成为道德的基础，对经济利益的追求就成为人的行为的原动力被肯定下来了。蒙德维尔更是把这种人性学说与经济思想联系起来，以"私恶即公益"命题说明来人的利己行为会带来社会经济繁荣的结果，以此论证利己动机的合理性。

2. 对自由放任市场经济体制的伦理辩护

当资本原始积累阶段结束以后，资本主义生产关系逐渐巩固，资本主义已经不再需要那种带有封建残余色彩的国家干预主义，而是需要自由竞争和自由贸易。因此，从理论上论证市场经济的合理性，成为近代西方经济学家和伦理学家的重要任务。这大致可以分为两类辩护。第一类辩护是从保护个人的天赋人权角度论证市场经济的合理性。洛克是第一个从天赋人权与私有财产权关系的角度论述私有财产权的理论家，他的"私有财产不可侵犯"理论为经济自由主义思想奠定了理论基础。他认为，劳动是价值的来源，通过劳动而获得的财产是私有财产正当性的前提，而劳动是人的一部分，人对自身身体有自然权利，因此，由劳动获得的财产权也是自然权利，具有神圣不可侵犯的性质。这一财产权在自然状态中已被自然法所确认，在进入社会状态时，它不但没有放弃，而且要求得到政府更加有效的保护。这就意味着政府不仅不能去干预个人的商业活动，而且有义务去保护个人的经济自由和既有的财产权。在此基础上，亚当·斯密进一步提出了自然秩序的思想，强调市场机制是一种由人的本性产生又符合人的本性的社会秩序。由于人的本性是自由的，所以允许每个人自由地追求自己的利益，在"看不见的手"的作用下，能自发形成一个有序又有效的市场。以此主张自由放任，反动政府干预，认为政府干预违反自然秩序，只能造成经济的停滞和个人权利的破坏。另一类辩护从社会功利总量提高的角度论证市场经济的合理性。功利主义以多数人的最大幸福为原则，以"公益合成论"为依据，来论证市场经济是最有效率，也是最合理的。趋乐避苦是人的本性，由于社会利益是个人利益的总和，因此，让每个人自由地追求自己的幸福，自然会增加社会财富总量，对社会多数人有利。功利主义也主张经济自由，反动政府干预，但他们的理论依据不是自然权利，而是社会功利。

3. 强调道德在商业活动中的重要性

近代外国伦理学确立了节俭、公正、诚信等市场经济所需的基本道德原则。它的主流在肯定个人权利和个人利益的前提下，也以抽象的普遍人性论为基础，力求将个人利益、个体自由同普遍的道德原则统一起来。这一点在将经济学和伦理学结合得最为紧密的穆勒的功利主义中表现得十分明显。穆勒继承了英国经验论，把人的本性归结为趋乐避苦的传统，从心理上和伦理上肯定了人们的商业动机，同时，一方面吸收休谟和亚当·斯密的"道德同感论"，将社会感情纳入人性中，以此来说明功利主义关心别人的幸福，要求行为者把自己与别人的幸福严格看做平等；另一方面吸收理性主义者的道德可普遍化的思想，强调个人行为应该遵循普遍的道德规则。穆勒认为，道德并不是可有可无的东西，而是获得幸福的重要手段。这样就回答了在商业活动中怎样才能把出自个人商业动机的行为纳入道德轨道的问题。

在众多道德规则中，近代西方学者着重强调节俭、公正、诚信对市场经济运行的重要性。

（1）节俭。自由竞争是市场运行的主要机制，要在竞争中取胜，生产者就必须不断改进产品，进行技术更新，通过降低成本获取最大利润，这就需要生产者合理利用和储蓄资源。新教伦理不仅提倡勤奋劳动，而且崇尚禁欲主义的生活观，反对挥霍浪费、奢侈享乐。这一思想对近代资本主义的资本积累和经济发展起了积极作用。此后，亚当·斯密也强调节俭对财富积累的作用，他认为，资本增加的直接原因不是勤劳，而是节俭，因此，把由理性和节制构成的谨慎美德看做所有美德中对个人影响最大的。

（2）公正。由于市场经济建立在等价交换的基础上，这意味着市场行为主体必须把追求自身的愿望与交换另一方的利益结合起来，不仅关心自己的支出能得到回报，而且要满足他人的需要。因此只有在公正的基础上，商品交换和竞争才能顺利进行。亚当·斯密说"正义是组成一个社会的基石"，穆勒说"公正是与人类福利相关的最重要的道德规则"，这些思想都表明了公正原则的重要性。

（3）诚信。大量的市场交易都是通过契约实现的，因此，信守诺言成为市场交易必不可少的条件。富兰克林说"信用就是金钱"；休谟认为许诺能维护和协调各种互利性交换关系；穆勒更进一步认为，人们在多大程度上相互信任，就有可能在多大程度上开展协作。这都表明诚信在商业活动中的重要作用。[3]

---

〔3〕 纪良纲主编：商业伦理学，37—41页，北京：中国人民大学出版社，2005。

第二节 中国商业伦理的形成与发展

一、中国商业伦理的萌芽期

（一）中国商业伦理的来源

中国传统文化博大精深，中国的商业伦理主要来源于对中国文化有着深远影响的儒家思想体系。我国儒家精神的历史十分悠久，自儒家思想产生以后，就和商业经营相融合起来，形成了中国古代的儒商伦理精神。近代儒商精神则是在对传统商业伦理思想进行理性甄别和合理扬弃的基础上，加以发扬光大的时代商业伦理精神。

西方的商业伦理准则主要源于道德哲学、人生哲学和神律学。张红明和朱丽贤在《商业伦理的中西方比较研究》一文中指出，新教对西方商业伦理的影响最大。新教所倡导的"追求财富是对上帝虔诚的表现"和"绝对理性"的思想促进了西方资本主义的发展。

两者相比，西方的商业伦理更多地强调伦理的可操作性。西方的企业制定了公司的伦理守则，设置专门的伦理机构和专门的伦理主管，进行专门的伦理培训。因此，西方的商业伦理具有明显的"工具导向性"和"功利导向性"。

（二）新中国早期的商业伦理的特点

新中国成立后，客观上讲，经济社会的发展以及人们在社会生活中必然蕴涵着伦理道德，它总是以各种不同的方式存在于人们的经济社会发展和社会生活的方方面面，人们无法、也不能摆脱生产和生活中伦理道德内容，因此，人们在思考经济和社会问题时，不管其承认与否，都会自觉不自觉地涉及到伦理道德维度的考量，从而形成了特殊时期的独特的伦理道德观念。

新中国早期提出的"毫不利己，专门利人"和"为人民服务"的思想，以及作为社会主义道德原则的集体主义思想，等等，曾经作为主流伦理道德思想长期影响中国的经济社会生活，至今仍发挥着道德主旨的作用。

二、新中国商业伦理的形成期

十一届三中全会后，借着改革开放的春潮，商业伦理学的学科也逐步开始恢复，这一段时间大致有如下两个重要的热点问题：

（一）社会主义和共产主义伦理道德有无时代意义

改革开放后，商品经济的发展在很大程度上使得社会伦理关系和人们的伦理道德观念发生历史性的变化。当时社会中曾一度出现"一切向钱看"的口号，一时间，对所宣传的社会主义和共产主义伦理道德观产生了一定程度的冲击。由于"一切向钱看"的思潮直接冲击和影响了许多不同的职业领域，因此，在一定程度上，当时对社会主义和共产主义伦理道德的讨论也与职业道德问题的探讨紧密联系在一起。

（二）对民族虚无主义和全盘西化思潮的批判

对民族虚无主义的批判是与如何对待传统伦理文化联系在一起的，主要讨论的是要不要继承中国传统社会中的伦理道德以及中国传统道德中哪些可以继承、如何继承的问题。而对全盘西化的批判，则是与如何对待西方社会的伦理思想和道德文化联系在一起的，主要讨论的是应该借鉴和吸收什么样的西方道德文化和伦理思想，应该把借鉴和吸收来的东西放在什么样的地位上，如何为我所用？可以说，对民族虚无主义和对全盘西化的批判有着密切的内在联系。其中新问题实质是应该如何对待传统的和西方的道德文化，如何建设社会主义的商业伦理体系和理论体系的问题。

三、新中国商业伦理学的发展时期

党的十四大确立了建立社会主义市场经济体制，进一步扩大了的"改革开放"和新一轮深入的"解放思想"，不仅"搞活"了经济，"搞活"了社会伦理道德生活，也"搞活"了商业伦理学研究。面对着全新的契机和全新的挑战，新中国的商业伦理学研究开始迈上了它那奋发有为、积极进取的新征程。

（一）发展概况

1979 年，国家教育部决定正式将伦理学列为大学哲学系课程。中国人民大学率先恢复了"文革"期间一度中断的伦理学教学。1980 年，中国社科院哲学所、中国人民大学哲学系、北京大学哲学系、北京师范大学哲学系和华东师范大学哲学系等单位，在江苏无锡联合举办了第一次全国伦理学研讨会暨中国伦理学学会成立大会。1982 年，中国伦理学会创办了第一个伦理学专业刊物《伦理学与精神文明》，后在1985 年更名为《道德与文明》。1984 年中国人民大学建立了全国第一个伦理学博士点。

进入 20 世纪 90 年代，我国提出建立"社会主义市场经济体制"的目标。如何使商业伦理学理论也与时俱进，及时地解决社会变革中提出的新问题和人们的观念困惑，如何使人们的道德观念和行为，既能够促进市场经济体制的顺利推行，又能够保证我国的社会主义性质，成为我们商业伦理学界面临的新课题。新形势下，老中青三代伦理学学者大量开展创新研究，取得了大量研究成果。新商业伦理学教科书不断推出，理论研究也硕果累累，成为当代社会科学中的"显学"，推动了商业伦理学体系的进一步发展，也为社会主义市场经济发展提供了来自商业伦理学的理论指导。

（二）商业伦理获得了新的发展

改革开放以来，道德建设取得了新的发展。从十二大提出物质文明和精神文明"两个文明"，到十六大提出物质文明、精神文明、政治文明的"三个文明"建设，再到十七大提出的物质文明、精神文明、政治文明和生态文明的"四个文明"协调发展，体现了全社会对文明建设规律认识的不断深化。

为了进一步加强道德建设，1996 年 10 月，中央印发了《公民道德建设实施纲要》文件。《纲要》强调公民道德建设要弘扬爱国主义精神，以为人民服务为核心、以集体主义为原则、以诚实守信为重点，加强社会公德、职业道德和家庭美德教育，强调要把先进性与广泛性的要求结合起来，坚持道德教育与社会管理相结合，要加强公民道德建设中的机制建设，强调广泛开展群众性的公民道德实践活动也是公民道德建设的重要途径。从"社会主义道德"、"共产主义道德"到"公民道德"，明显能感受到时代的痕迹，公民道德这个"新概念"，本身就带有新时代的诸多元素。

新中国商业伦理发展是和道德实践一起发展起来的，这和商业伦理学科的特殊性以及中国独特历史道路和文化传统密切相关。所以，商业伦理历来和社会的政治问题、社会风气、民主精神问题，和人生意义、人性品德等问题结合密切，这是商业伦理的特殊理论性质所决定的。

四、中国当代商业伦理的特点

由于国家和地区的情况不同，对商业伦理的评价标准和准则也是不同的。当代中国社会主义商业伦理的共同特征可以归纳为以下四点：

（1）利义的统一是商业伦理最起码的要求和铁的准则。利与义的统一也就是物质与精神的统一，是相生相长的。但当一方损害另一方的利益，甚至危及另一方的生存时，利与义就产生了尖锐的矛盾和对立。所谓义，就是在商业活动中，要求道德守信、公平交易、互惠互利、货真价实、童叟无欺、和气生财、礼貌待客，"买卖不成仁义在"，等等，这是企业取得赢利应尽的义务、应有的责任。从长远看，企业若唯利是图、坑害顾客必然丧失信誉，为顾客和公众、所唾弃，因而失掉市场，还会受到法律制裁，绝不会得到长期生存和发展，"多行不义必自毙"。事实证明，国际和国内历史悠久的著名成功企业可以说无一不是严格恪守商业道德、精益求精，追求真、善、美、新的结果。同时他们也得到了社会高度的回报，提高了信誉度和社会地位，增加了高额的无形资产。如同仁堂的经验就是一个很好的例证。

（2）"信誉高于一切"是企业的生命，是建立社会主义市场经济的必然条件。"人无信不立，事无心不成"。首先，企业要真诚地、严格地履行契约、实现承诺，包括文字的、口头的以及广告宣传中所做的承诺。其次，要十分重视维护供应者、生产者和消费者、合作者的利益。如发现在契约中或获益售出的商品中有不利于对方的内容或有缺陷的、不合格的商品，应主动提出修改回收或退还并予以补偿。这样，虽然企业受到了暂时损失，却赢得了供应者、生产者、合作者和顾客的信任，在社会上提高了知名度、美誉度。商业上有一个"1∶125原则"，即得罪了1位顾客就等于失去了125位潜在顾客，如果得罪的顾客多了，如何了得，得到的就是"千夫所指，无疾而终"的下场。总之，企业应尽心竭力地塑造崇高的信誉形象，扩大无形资产。

（3）提供真、善、美、新的产品和服务，以满足人们不断增长的物质和精神需要，提高市场占有率，增加企业的效益。企业的存在和发展的价值就是为了满足人们的需要，为人民服务；另一方面，企业在服务中取得报偿——赢利。同时企业也是消费者，因此服务是双向的，既是服务者，又是被服务者。企业的效益是生产者、服务者、供应者和消费者创造的，这就需要依靠人。要做到真、善、美、新，更需要依靠高科技和具有道德素质的生产者、服务者。依靠、尊重和关心他们，更要提高他们的思想道德素质，培养、激励和发扬他们的主人翁责任感、敬业爱岗、积极进取、自强自律、艰苦奋斗、求精创新、竞争攀高、团结协作的精神，以此凝聚成巨大的道德力量，以真、善、美、新的服务来实现企业的长远发展的战略目标。

（4）让人生活得更好，推进人的全面发展和社会的全面进步，应成为商业道德追求的崇高目标。企业依赖于国家和社会而生存和发展，又是几乎全部的生产资料和生活资料的生产者和供应者，国家和社会为企业创造生存和发展的条件，企业对国家和社会就必须承担应尽的义务和责任。首先，企业应尽快实现"两个转变"，提高经营管理水平，树立良好的企业形象，争创一流、争创名牌、提高美誉度，实现"三个有利于"，为国家和社会创造尽可能多的资产和财富，以产业报国；培养出名家——各类专家、企业家和高素质的职工队伍，为国家提供人才资源，也为个人实现人生价值创造机会，造成团结和睦、奋发向上的氛围，以激励企业和人的发展。其次，为社会稳定和全面发展做出贡献，为国家分忧解难，资助和协助扶贫工程、希望工程、文化教育事业，以及救灾等慈善事业。这对于提高企业的信誉度、美誉度和社会地位，增加无形资产价值也是有益的，最终会取得回报。最后，为了人类的长远发展、子孙后代的幸福，应合理利用和保护自然资源，保护和改善环境，节约物力，推行"绿色营销"，坚持走可持续发展的道路。[4]

第三节　东西方商业伦理的共生性与差异性

商业伦理是不能从各个民族社会、历史、文化和政治环境中剥离出来的，从理论上说，商业伦理可以找到许多伦理性的普遍原则，但是不同的民族和国家是按照各自的伦理观念来理解商业行为的合理性。

一、东西方商业伦理的普遍性和共生性

"全球伦理"的口号首先由德国神学家孔汉思于 1990 年在《全球责任》一书里提出，孔汉思等人还召集世界各大宗教代表会议，签署孔汉思起草的《走向全球伦理宣言》以及美国神学家斯维德勒起草的《全球伦理普世宣言》。联合国教科文组织于 1997 年分别在巴黎和那不勒斯两次召开了关于全球伦理的国际会议，于 1998 年又在北京召开了"普遍伦理：中国伦理传统的视角"专家研讨会。此次会议之后，"全球伦理"在国内外引起很多讨论。

"全球伦理"究其实用的范围而言，也可称为"普遍伦理"。这里所强调的"普遍"有两方面的含义：其一，针对当前哲学和思想文化领域流行的价值多元论和道德绝对主义，强调伦理道德是绝对的，而不是相对的；各种伦理价值是统一的，而不是孤立的、互不相关的；其二，针对全球化所引发的政治、经济、和平发展、环境保护等一系列各国面临的共同问题，强调各国政府和人民都有义务遵守全人类共同的伦理规范和道德准则。

经济全球化的运动方式主要是发达国家的资本、技术、信息和消费品向发展中国家流动。这种交互流动给发展中国家带来很大的经济风险和政治灾难，对于发展中国家和欠发达国家而言，经济全球化使经济落后国家遭受经济帝国主义的侵略，诸如改头换面的金融殖民、不平等经济条约、生态破坏和转嫁环境危机等。因此，广大发展中国家需要以平等和公正的普遍商业伦理为基础建立国际经济新秩序。对于发达国家而言，他们为预防和减少商务活动中的绑架、劫持、洗钱、毒品交易、网络黑客、信息垃圾以及科技邪恶等不道德商业行为的发生，也迫切希望建立为各民族所公认的伦

---

〔4〕 纪良纲主编：商业伦理学，45—47 页，北京：中国人民大学出版社，2005。

理规范。经济全球化时代也是追求财富的时代，全球化背景下的经济活动者仍然符合"经济人"的假设，从商业伦理的角度看，人们的商业行为都是从利己的本性出发，每个人生来首先和主要关心自己。亚当·斯密在《国富论》中有一句描述人类自利行为动机的名言："我们每天所需要的食料和饮料，不是出自屠户、酿酒家或烙面师的恩惠，而是出自他们自利的打算。"因为经济活动是"计较利害"的交往，诸如利他、奉献、仁慈之类的德行或美德，不仅难以达到，而且，如果一味追求还将破坏经济的繁荣，所以具有利己主义本性的个人或民族，如何在个体或以国家为单位的经济关系中控制行为并使之符合"伦理全球化"规范就显得十分重要。

共同的市场，必然存在共同的道德价值取向，只有共同的道德价值取向，才能维护全球经济的共同发展。经济一体化的国家必须认真处理本国利益与全球利益的关系。而一些全球问题的解决，不可能是某个国家、企业、个人追求自利的结果，而只能基于共同的责任感。双赢应该成为调节这一关系的基本伦理规范。双赢的取得，依靠的正是"伦理平台"——商业伦理所构建的共同伦理价值观、关系准则和行为标准，参与市场的主体在此平台上开展平等的对话、进行公平的竞争。经济一体化的深入，又要求在全球经济活动中对经济活动参与者具有约束力的共同、基本的行为准则的形成，这单靠市场和法律的力量是无法达到的，全球伦理道德应当发挥重要作用。

二、东西方商业伦理的多元性和差异性

在经济全球化过程中，"西方"是主动的，"东方"是被动的，经济全球化是一个借助市场力量迅速扩张着的文明。当然，这一历史过程已经不可避免地包含了"文明的冲突"——以这一冲突为背景，才发生了文明的变迁与融合过程。经济全球化在实现资源全球流动时，也不断伴随着经济、政治和文化价值观念的冲突。尤其是全球商业伦理的确立与否，将成为经济全球化能否把世界各国带向繁荣的关键。在经济全球化的同时，经济摩擦不断，究其原因是各国的社会政治、经济、文化发展模式和基本价值标准的对立，经济全球化尚缺乏统一的价值标准。文化扩张，常常是经济全球化的重要载体。在经济全球化的过程中，西方发达国家是占主导地位的。由此产生的后果是，发展中国家在全球商业伦理形成和推进过程中并不享有平等的话语权，而西方发达国家则把符合其利益和标准的全球商业伦理强加给发展中国家，结果是全球商业伦理的形成，很大程度上是按照西方的模式推进的，建立符合发展中国家利益的商业伦理则显得困难重重。

（一）东西方商业伦理的演化过程及差异

1. 东西方商业伦理的演化过程

欧美的个人主义文化在新教伦理中孕育了古典的资本主义商业伦理，特别是这种文化在追求作为资本主义经济秩序两大特征的合理性和效率性时，使经济发展成为可能，并构筑了历史上最高程度的文明。但是，自 20 世纪后半叶以来，这种商业伦理受到了挑战。原因是，随着经济文化水平的提高和民主意识的增强，人们已经不再愿意忍耐缺乏感情的商业行为和经济秩序了，出现了消极的和积极的抵抗。因此，这种商业伦理在资本主义社会中不再是合理的和高效的了。从上世纪 20 年代开始，一些资本主义经济学家就提出了在经营管理中输入情感因素的管理方式，在第二次世界大战之后，这种管理方式在整个西方资本主义世界得以普及。

东方各国商业伦理的发展与西方相比有很大的不同。人都是生活在一定的文化氛围中的，在商业行为上，必然受这种文化氛围中的商业伦理的影响。就东方社会而言，它可以很快地接受资本主义的技术、设备和基本的生产方式，但它不能很快地改变人的文化观念和商业伦理，尤其是像儒家文化这样一种有着长期历史传统和生命力的文化。当然，这并不是说儒家的商业伦理比西方的商业伦理更能适应和促进经济的发展，而是说在当代东方的儒教传统的社会中，其商业伦理已经兼容了与资本主义经济结构相一致的商业伦理，使其已不再是以资本主义为基础的商业伦理了；在近代引入资本主义企业和经营管理方式的同时，以家族集团意识来破坏或者弥补受个人主义支配的经营意识，在摩擦和润滑的交互作用下，使资本主义步履蹒跚地向前发展，从而使自身也不断发生着转化，最终越来越能够适应资本主义的发展。自 20 世纪初以来，西方以个人主义文化为基础的商业伦理发展的趋势增加了越来越多的感情因素，而在东方儒教传统的社会中，则是个人主义冲淡了浓重的家族集团主义。

2. 东西方商业伦理的差异

从亚里士多德开始，"人是理性的动物"这一假设就深深根植于西方主流文化中，并形成了现代管理理论之基础。理论上把人作为理性动物，管理上就会以理性的原则来服务、调节和控制自然人性。但在现实中，人并非真的是那么纯粹的理性动物，而是更多带有浓厚的感性色彩，这是建立在理性主义基础之上的西方传统管理理论所难以应对的。东方文化对人的理解则保留了人性中非理性的一面，理论上过多地强调人伦观念及家族式的等级观念，强调以社会和谐为本位的人文精神，实践中便以伦理观念冲击理性原则，造成人际关系的复杂和混乱。因此，在跨国经济活动中，东西方文化存在着很大的差异性，具体表现在以下几个方面：

（1）个人本位的竞争观与群体本位主义的和谐观的差异。西方文化是以自我实现为价值取向，以个人利益为根本出发点，强调个人行动的自由、权利、竞争和独立。而东方的企业文化往往更加强调个人利益服从群体利益，企业利益服从国家利益。个人的成就由企业和国家共同分享。个人的成就不是看他个人的能力如何出众，而是看个人为企业和国家的公众福利事业做出了多少贡献。它要求的既是人和自然的和谐，也是人与人之间的和谐。

（2）人在自然观念上的差异致使在对待时间的态度上存在差异。西方文化视时间为大自然所固有之物，是环境的一部分，是一个人从生到死有限的资源，所以可以像商品、金钱一样获得和使用，时间在日常生活中起着关键作用。为了充分利用人生有限的时间，商务活动的每个环节都应制订详细计划，时间被划分成很小的单元，而且严格遵守时间约定。东方文化的时间观则把时间看做无穷尽、无限度的资源，强调事物的完成和人的参与，而不是紧扣死板的时钟。

（3）在雇员与企业的关系上，合作共事的准则存在差异。西方企业要求注重法律、重视契约的观念渗透到企业管理的各个方面，合同或企业规则以及制订的工作计划程序和规定具有至高无上的地位。西方文化反映在国际商务管理方面，经常表现为轻视人情和传统习俗，只尊重规则和制度，一切服从合同和计划。东方文化的传统伦理思想所注重的则是人伦情谊关系，追求心理上的认同与和谐，对于企业规则和契约往往认为是由于相互之间缺乏理解和信任的补充约束。

（二）东西方商业伦理特征比较

在对东西方商业伦理变迁进行了一番历史考察之后，再来对当代东西方伦理的某些具体特征进行比较和分析，可以加深我们对东西方商业伦理的认识。

首先，在西方的商业伦理中，个人被看做孤立的实体和重建社会的力量，个人只有割断某些社会的基本联系，取得独立，才能发挥作用。例如，在社会交往的方式上，西方几乎没有什么现成的和规范化的礼仪行为。究竟哪些行为方式可以被社会认可是很难分清的。这种标准化行为的缺乏导致了一种困境，即人们从来不能完全确定应该如何规范行为举止，每一次新的交往都需要某种程度的新的礼仪、新的行为方式。想要通过礼仪了解人，建立良好的社交环境，可能要花费相当长的时间。从另一方面来说，如果不拘泥于礼仪，不想通过礼仪了解人，建立良好的社交环境，那会使人很舒服、很放松。在这方面，社会有很高的容忍度。但是在这种低礼仪社会里，很难培养持久的、富有成效的人际关系。

而在儒家商业伦理中，自我被理解为社会关系的中心。自我只有通过人们相互交往和相互关联的形式，最大限度地发挥其周围群体的能力和意识，才能实现自我的尊严，才能发挥作用。因此，它倡导的不是个人主义，而是对一个较大的实体的承诺。这个实体可以是一个家族、一个公司、一个社会团体，甚至一个国家。与西方相比，东方是一个崇尚礼仪的社会，在这个社会里，人际交往大都遵循着得到社会明确认可的模式。当你不熟悉礼仪时，可能寸步难行；而一旦熟悉了这套礼仪，则如鱼得水。礼仪，使人际关系密切而富有人情味。这种礼仪的社会效应和企业效应，在与资本主义相融合之后，在自身实现了向现代性的转化之后，逐渐由消极转向积极。

其次，在权利和义务方面，西方的商业圈中有一种强烈的个人权利意识，它促使人们在商务活动中经常思考：我的权利是什么？在合法的范围内，我能做些什么？这使得人们对于自我的利益看得一清二楚。例如，有的学者把西方的社会关系称为"相抗衡的体系网络"，其宗旨在于保护个人的权利，确认和支持个人的自我利益和竞争，因为他也是高度法制化的。在商业实践中，依据法律的仲裁被认为具有高度的伦理价值，互相冲突的人际关系是以仲裁和谈判的模式来处理的。从这个角度来看，欧美社会中律师的作用相当重要就可以理解了。

儒家的商业伦理则含有一种强烈的责任意识，它促使人们去思考的主要不是"我的权利"，而是自己的责任和义务。在儒家的商业伦理中，明白自己的责任和义务比明白自己的权利重要得多。这种商业伦理特别提倡相互合作，处于这种文化氛围之中，人们习惯于把自己看成是一个群体的一份子，在一个特定的团体中来寻找自己合适的位置，以完成自我价值实现，而很少会脱离群体表现出自己独特的动机和行为。东方社会的这种商业伦理关系被称为"信用社区的体系网络"。在这个体系中，集体的利益被放在重要的地位。在社会实践中，基本信赖是处理人际关系的价值标准和行为准则。这种信赖表现为对于社会中可以分享的价值的承担、忍让、调解。权威命令往往是处理人际关系的具体表现。

最后，是由前两个特点的延伸而带来的另一个特点。在西方商业伦理中，对个人权利的强调促成了一种普遍的超越个人现状的要求，以及对知识的渴望和追求，推动一个人去探索新的疆域，而往往把信息的积累看成是获得知识的主要途径。在东方的商业伦理中，由于自我被看成是社会关系的中心，人就有了一种纪律和约束意识。因此，在培养人方面，与西方商业伦理注重知识的积累相比，他更重视人格锻炼和人格修养，注重行为的严格和精神的自律，以及在此基础上的自我价值实现。它试图造就一种对于更大、更持久的目标的追求和信念。因此，东方的企业与西方企业相比，更重视人的作用，在启用新人时，除了考察业绩之外，更注重考察其人格修养、群体意识和敬业精神等。

三、商业伦理多元化的利弊分析

对于商业伦理全球化和多元化，我们不能简单地做出善与恶或好与坏的价值判断。黑格尔有一句名言："凡是现实的，都是合理的。"推而言之，商业伦理全球化和多元化在国家之间的商务活动中，都具有它们存在的合理性和现实依据。下面主要讨论在商业伦理多元化合理性前提下产生的利弊。

（一）商业伦理多元化的益处

（1）在全球化过程中，商业伦理多元化可以有效地遏制西方国家推行的"经济霸权主义"，防止西方工具理性在发展中国家商务活动中无限制的膨胀和渗透。

（2）商业伦理多元化可以使经济弱小的国家捍卫民族的自治权利、自决权利和与经济大国平等对话的权利。而这三种权利是相对弱小的民族维护国家主权和民资尊严所必需的。

（3）正如自然界的生物多样性是地球充满生机和活力的必要条件一样，在世界经济体系中，伦理多元化也是全球经济健康发展的必要条件之一。商业伦理多元化符合全球经济生态的内在要求，有利于全球经济朝着开放和可持续的方向健康发展。

（二）商业伦理多元化的弊端

（1）商业伦理多元化容易导致全球商务活动中商业伦理的相对主义甚至虚无主义，在以国家为单位的商务往来中，如国际贸易、投资等可能会出现相互不信任甚至相互欺骗。

（2）商业伦理多元化将为国际经济秩序的维持带来诸多困难，国家之间的经济摩擦会变得更加频繁，甚至出现由国家实行的贸易保护或经济壁垒。

（3）商业伦理多元化在一定程度上会减少各国的"伦理资本"，因为国与国之间商务活动中的经济纠纷会有较多的增加，为了求得争端的解决而不得不诉诸法律仲裁，这样势必增加争端国的经济成本，同时损害经济争端国家的经济利益，最终影响经济全球化的进程。由此看来，经济全球化背景下的商业伦理全球化与多元化问题，无论对西方发达国家还是广大的发展中国家，都是利弊参半的两难选择。[5]

---

〔5〕 纪良纲主编：商业伦理学，47－55 页，北京：中国人民大学出版社，2005

本章小结

伦理思想史，是人们对社会道德现象的认识日益扩大和深化的历史，是科学伦理思想萌芽、产生和发展的历史。伦理思想的发展，总是反映着一定社会或阶级的利益要求，大体上同社会形态的前后更替相适应。无论在外国还是中国，伦理思想的发展都先后经历了奴隶社会、封建社会和资本主义社会三大阶段。马克思主义伦理思想的产生，是人类伦理思想合乎规律的发展，在伦理思想发展史上引起了根本性的变革。

外国古代商业伦理思想强调以道德规范商业活动，认为只有与身份相符的生计活动才合法正当，反对无限度的牟利交换。中国古代商业伦理思想以"农本商末"——"重农抑商"为立论前提，以"重义轻利"为基本价值模式和伦理理念，包括"均平"、"勤劳"、"节俭"等伦理原则和规范的思想框架。

中国古代商人通过漫长的经营活动，不仅得以生存发展，而且锤炼了自身品格，形成了优秀的商业伦理道德，并且在不同的历史时期呈现出不同的特点。

东西方商业伦理是同生存、共发展的，但由于东西方文化存在着较大的差异，导致东西方商业伦理也存在着差异，有着各自不同的特点。东西方商业伦理具有多元化的特点，这种多元化的特点会给东西方商业伦理带来益处和弊端。

同步练习

一、单项选择题

1. 伦理思想最早产生于（ ）。

A. 奴隶社会 　　　　B. 封建社会 　　　　C. 资本主义社会

2. （ ）伦理思想是人类伦理思想的新阶段。

A. 霍曼 　　　　　　B. 乌尔利希 　　　　C. 马克思

3. "全球伦理"的口号首先由德国神学家（ ）提出。

A. 马克思 　　　　　B. 孔汉思 　　　　　C. 亚当·斯密

二、多项选择题

1. 外国商业伦理思想发展有（ ）几个主要阶段。

A. 奴隶社会 　　　　　　　　　　　　　B. 封建社会

C. 资本主义社会　　　　　　　　D. 社会主义社会

2. 外国商业伦理思想的主要内容有（　　）。

A. 崇尚、赞美劳动，重视农业、轻视工业

B. 强调财富的获得要符合道德

C. 重视商业行为中的奉法精神

D. 承认人自私的合理性

3. 中国古代商业伦理的特点有（　　）。

A. 以爱国主义为前提　　　　　　B. 以诚信无欺为前提

C. 以对消费者负责为重点　　　　D. 以个人主义为中心

三、简答题

1. 为什么说马克思主义伦理思想是人类伦理思想发展的新阶段？

2. 简要分析东西方商业伦理的差异。

四、案例分析题

大众公司正在经历与通用公司同样的高成本问题。史密斯担心大众公司会挖走洛佩斯，于是决定提升洛佩斯为集团的副总裁，这使得他成为通用公司最高管理层的12名成员之一。皮奇则提高价码，许诺让洛佩斯加入大众的管理委员会，并让他做大众全球的生产部领导。1993年3月9日，洛佩斯与大众公司秘密签订合同，成为其采购部总经理。然而，到了3月15日，星期一，在公布洛佩斯新的任命的记者招待会召开前的两小时，史密斯接到了由洛佩斯的一名好友送来的辞职信。洛佩斯带着他的7名同事去了大众公司。

洛佩斯离开后不久，欧宝公司发现一系列文件丢失了。其中至少有一部分是洛佩斯及其同事离开前曾经要过的文件。

洛佩斯承认在通用公司要求返还这些资料时，他在鲁斯霍夫（Rothehof）的大众公司招待所监督销毁了这些文件。

7月中旬，德国的公诉人在威斯巴登的一套由两名跟随洛佩斯到大众公司的他的同事租的公寓里找到了4箱通用公司的文件。据报道说，其内容为亚当欧宝公司正在研发的小型汽车的保密计划。据辨认，其中3箱是在洛佩斯的要求下装箱并寄往西班牙的。

请思考：

1. 请从商业道德角度对洛佩斯的行为加以分析？

2. 你认为作为一名职员在商业伦理方面最基本的职业道德是什么？

第三章　企业社会责任

学习目标

※ 了解商业伦理在企业发展中的体现
※ 理解当代企业的社会责任的含义
※ 掌握环境伦理的作用及内涵
※ 掌握循环经济和可持续发展的内容

章首案例

案例描述：

2008 年 6 月 28 日，位于兰州市的解放军第一医院收治了首例因食用三鹿奶粉患"肾结石"病症的婴幼儿，随后短短两个多月，除甘肃省外，陕西、宁夏、湖南、湖北、山东、安徽、江西、江苏等地都有类似案例发生。经相关部门调查，高度怀疑石家庄三鹿集团股份有限公司生产的三鹿牌婴幼儿配方奶粉受到三聚氰胺污染。河北省委、省政府和各相关部门对"肾结石事件"高度重视，要求三鹿集团立即收回市场上不合格奶粉并呼吁社会各界停止婴幼儿食用河北石家庄生产的三鹿牌婴幼儿奶粉。据不完全统计，到目前为止，结石患儿已达 6 244 例，其中死亡 4 例。按照有关法律规定，三鹿集团已经停业整顿，对流入市场的婴幼儿配方奶粉全部召回，约万吨问题奶粉将被销毁，同时面临着 2 亿多元人民币的行政重罚。这意味着，连续 6 年入选中国企业 500 强、被《福布斯》评为"中国顶尖企业百强"、乳品行业第一、连续 15 年保持中国产销量第一的三鹿集团，自此将进入另一番境地。[1]

案例评析：

三鹿奶粉为何会一败涂地？商业伦理在企业生命中的重要性有多大？企业的社会责任是什么？中国企业的未来发展方向在哪里？这些问题都是值得我们深思和探索的。在快速发展物质文明的同时，我们忽略了精神层面上的伦理建设，在生产生活中

---

〔1〕 宋辉艳. 三鹿奶粉事件引发的企业社会责任再思考. 技术与创新管理. 2009 年 9 月. 第 30 卷第 5 期

扮演主要角色的企业丧失了其基本的社会责任。如果我们再一味姑息和放任，终有一天，人类会自食恶果。因此，认识和实践商业伦理变得迫在眉睫。

第一节　企业社会责任概述

随着三聚氰胺事件把中国乳制品行业的问题摆在了公众面前，还有诸如黑砖窑、矿难、毒大米、苏丹红、江河污染、偷税漏税、拖欠工资等恶性事件的层出不穷，使我们不得不思考，企业的社会责任是什么？企业究竟应该承担多少社会责任？企业社会责任到底是法律界的问题还是商业伦理的问题……无论如何，商业伦理都是现代市场经济中不可回避的事实，规范企业行为不能仅仅依靠法律，更多的是要靠企业的社会责任感和使命感。

一、企业社会责任的含义

企业社会责任（Corporate Social Responsibility，简称 CSR）是指在市场经济体制下，企业除了为股东（stockholder）尽到追求利润的责任外，也应该考虑相关利益人（stakeholder）各方的利益。其中，雇员利益是企业社会责任中的最直接和最主要的内容。企业社会责任是企业基于自身形象考虑而对社会利益相关者的友好回应，是企业为改善利益相关者的生活质量而贡献于可持续发展的一种承诺。

企业的社会责任并非是个新概念，早在 20 世纪 20 年代，随着资本的不断扩张，诸如贫富分化、社会穷困，特别是劳工问题和劳资冲突等一系列社会矛盾频频发生应运而生。但是，作为一场社会运动，企业社会责任运动却是 20 世纪 90 年代兴起的，是伴随着经济全球化、国际贸易和资本流动自由化产生和发展起来的。1997 年，总部设在美国的社会责任国际（Social Accountability International，SAI）发起并联合欧美跨国公司和其他国际组织，制定了 SA8000 社会责任国际标准并建立了认证制度；1999年，英国社会责任和伦理责任协会（The Institute of Social Ethical Account Ability）制定了 AA1000 标准；2002 年，经济合作与发展组织（OECD）发布了修订后的《跨国企业准则》（Guidelines for Multinational Enterprises）；2003 年，德国企业伦理研究中心制定了价值观管理系统标准（Values Management System Standard）。

企业社会责任虽然多次在国内外论坛或会议上讨论，然而其正式定义却仍莫衷一是。比如，欧盟将 CSR 定义为：企业基于资源把社会和环境密切关系整合到它们的经营运作以及与其利益相关者的互动中。美国权威的"帮助会员企业实施社会责任战略组织"（Business for Social Responsibility）则将 CSR 定义为：通过尊崇伦理价值以及对人、社区和自然环境的尊重，实现商业的成功。世界银行在 2003 年的一份报告中，将 CSR 定义为：企业承诺与其员工、他们的家庭、社区及社会一起，采取既对企业有利，又对社会发展有利的手段来全面改善员工的生活质量，从而为经济的可持续发展做出贡献。

责任伦理与信念伦理都是马克斯·韦伯所提出的概念。霍尔斯特·施泰因曼和阿尔伯特·勒尔指出："信念伦理者一心按其（个人的）原则行事，结果则由上帝来检验。而责任伦理者却追求其行为的结果，并由自己来判断这种结果正当与否。"

目前，国际上普遍认同企业社会责任理念：企业在创造利润对股东利益负责的同时，还要承担对员工、对社会和环境的社会责任，包括遵守商业道德、生产安全、职业健康，保护劳动者的合法权益、节约资源等，以获得在经济、社会、环境等多个领域的可持续发展能力。

二、企业承担社会责任的原因

企业为什么要承担社会责任？对这个问题的理解，可以从经济学、法理学和社会学三个视角综合考虑。

（一）经济学视角：利益相关者理论

利益相关者理论（Stakeholder Corporate Governance Theory）认为，企业是一个由利益相关者构成的契约共同体，利益相关者包括企业的股东、债权人、雇员、消费者、供应商等交易伙伴，也包括政府部门、公众、媒体、环境保护主义者等，甚至还包括自然环境等受到企业经营活动直接或间接影响的客体。这些利益相关者都对企业的生存和发展注入了一定的专用性投资，他们或是分担了一定的企业经营风险，或是为企业的经营活动付出了代价，因此，企业的经营决策必须要考虑他们的利益，并给予相应的报酬和补偿。因此，企业对利益相关者必须承担包括经济责任、法律责任、道德责任、慈善责任在内的多项社会责任。其中对利益相关群体中的雇员、顾客和股东三者负责是最基本的，这些责任主要包括安全生产，就业机会平等和薪酬公平，反对性别、种族等歧视，注重员工福利；保护消费者权益，完善产品质量；维护股东权益，重视投资者关系等。另外还有企业对所在社区的贡献等等。

（二）法理学视角：企业公民

企业公民（Corporate Citizenship）一般解释为企业为了表达出对人类、社区以及环境的尊重，所做出符合道德及法律规范的发展策略。波士顿学院企业公民研究中心将企业公民定义为"一个企业将社会基本价值与日常经营实践、运作和策略相整合的行为方式。"企业公民的概念脱胎于商业道德和企业社会责任，但从法学的角度强调了企业的"社会公民"身份。这种强调意味着企业不能只满足于做个"经济人"，还要做一个有责任感和道德感的"社会人"。企业是社会的组成单元和细胞，社会是企业利益的源泉，企业在享受社会赋予的条件和机遇的同时，也应该以符合伦理、道德的行为回馈社会。企业公民的概念包括：企业的基本价值观、对利益相关群体的责任、对环境资源的责任、对社会发展的广义贡献。当前，很多大型跨国公司都把"企业公民"作为公司的核心价值观之一，积极实践。这种价值观是公司与包括各种环保、人权组织在内的非政府组织以及各种利益相关者经过长期博弈而形成的。

（三）社会学视角：和谐社会

在社会学领域，一个始终被强调的概念是社会的和谐性。和谐社会是一个既充满活力又富于秩序的社会。按照社会组织理论的说法，构建和谐社会涉及到各个主要社会组织的社会责任，包括政府的社会责任、企业的社会责任、民间社团的社会责任和城乡基层社区的社会责任等等。社会和谐，企业有责。社会的和谐离不开企业，企业的发展也离不开社会，企业承担社会责任是社会和谐的内在要求。企业在处理与社会的关系中决不能只盯住经济效益，要主动承担起应承担的社会责任，把企业的发展融入到社会的发展之中。在构建和谐社会的过程中，企业社会责任具有其他社会成员所无法比拟的地位，在整个社会组织的责任体系中可以发挥重要作用。即使从企业自身追求的和谐而言，不论是劳资和谐、同业和谐还是同享和谐，也需要通过承担社会责任的方式才能予以解决。

三、企业社会责任的发展历程

（一）企业社会责任观的早期萌芽

早在 18 世纪中后期英国完成第一次工业革命后，现代意义上的企业就得到了相当大程度的发展，但鉴于当时所处的社会环境和政治环境，企业社会责任的观念还没有出现，大部分企业承担社会责任仅仅局限于业主个人的道德行为。

企业社会责任思想的起点是亚当·斯密（Adam Smith）的"看不见的手"。古典经济学理论认为，一个社会通过市场能够更好地确定其需要与配置资源，如果企业尽可能高效率地使用资源以提供社会需要的产品和服务，并以消费者愿意支付的价格销售它们，企业就尽到了自己的社会责任。在这个时期，企业社会责任的主要体现是从企业生产的角度考量的，并没有涉及企业在对待员工、环境保护方面的责任。

到了 18 世纪末期，西方企业的社会责任观开始发生了微妙的变化，表现为小企业的业主们经常捐助学校、教堂和穷人。

进入 19 世纪以后，第二次工业革命的成果带来了社会生产力的飞跃，企业在数量和规模上得到较大程度的发展。这个时期受"社会达尔文主义"思潮的影响，人们对企业的社会责任观是持消极态度的，许多企业不是主动承担社会责任，而是对与企业有密切关系的供应商和员工等极尽盘剥，以求尽快变成社会竞争的强者，这种理念随着工业的大力发展产生了许多负面影响。

与此同时，19 世纪中后期企业制度逐渐完善，劳动阶层维护自身权益的要求不断高涨，加之美国政府接连出台《反托拉斯法》和《消费者保护法》以抑制企业不良行为，客观上对企业履行社会责任提出了新的要求，企业社会责任观念的出现成为历史必然。

（二）20 世纪 50 年代～70 年代的赢利至上时期

企业社会责任概念第一次正式出现在美国。1970 年 9 月 13 日，诺贝尔奖得奖人、经济学家米尔顿·弗里德曼在《纽约时报》刊登题为《商业的社会责任是增加利润》的文章，指出"极少趋势，比公司主管人员除了为股东尽量赚钱之外应承担社会责任，更能彻底破坏自由社会本身的基础"，"企业的一项、也是唯一的社会责任是在比赛规则范围内增加利润。"社会经济学家认为："利润最大化是企业的第二目标，企业的第一目标是保证自己的生存。"为了实现这一点，他们必须承担社会义务以及由此产生的社会成本。他们必须以不污染、不歧视、不从事欺骗性的广告宣传等方式来保护社会福利，他们必须融入自己所在的社区及资助慈善组织，从而在改善社会中扮演积极的角色。

1976 年经济合作与发展组织（OECD）制定了《跨国公司行为准则》，这是迄今为止唯一由政府签署并承诺执行的多边、综合性跨国公司行为准则。这些准则虽然对任何国家或公司没有约束力，但要求加大保护利害相关人士和股东的权利，提高透明度，并加强问责制。2000 年该准则重新修订，更加强调了签署国政府在促进和执行准则方面的责任。[2]

（三）20 世纪 80 年代～90 年代的关注环境时期

20 世纪 80 年代，企业社会责任运动开始在欧美发达国家逐渐兴起，它包括环保、劳工和人权等方面的内容，由此导致消费者的关注点由单一关心产品质量，转向关心产品质量、环境、职业健康和劳动保障等多个方面。一些涉及绿色和平、环保、社会责任

---

〔2〕 http://baike.baidu.com/view/160938.htm

和人权等的非政府组织以及舆论也不断呼吁，要求社会责任与贸易挂钩。迫于日益增大的压力和自身的发展需要，很多欧美跨国公司纷纷制定对社会做出必要承诺的责任守则（包括社会责任），或通过环境、职业健康、社会责任认证应对不同利益团体的需要。

（四）20 世纪 90 年代至今的社会责任运动兴起时期

20 世纪 90 年代初期，美国服装制造商 Levi-Strauss 被新闻媒体曝光利用"血汗工厂"生产产品，压榨工人工资，提高劳动强度，引起了公众和社会的极大关注。为挽救其公众形象，Levi-Strauss 制定了全球第一份企业生产守则。此后，美国劳工及人权组织针对成衣业和制鞋业发动了"反血汗工厂运动"。在劳工和人权组织、消费者的双重压力下，许多知名品牌公司也都相继建立了自己的生产守则，逐渐演变为"企业生产守则运动"，企业生产守则运动的直接目的是促使企业履行自己的社会责任。

这种靠公司按照自身的要求制定的企业生产守则均有着明显的商业目的，而且社会公众也难以了解其实施的状况，这使得守则本身无法得到社会的监督。在劳工组织、人权组织以及商业协会、多边组织的推动下，企业生产守则运动由跨国公司"自我约束"（self-regulation）的"内部生产守则"逐步转变为"社会约束"（social regulation）的"外部生产守则"。

到 2000 年，全球共有 246 个生产守则，其中除 118 个是由跨国公司自己制定的外，其余皆是由商贸协会或多边组织或国际机构制定的所谓"社会约束"的生产守则。这些生产守则主要分布于美国、英国、澳大利亚、加拿大、德国等国。2002 年，联合国正式推出《联合国全球协约》（UNGlobal Compact）。该协议促使企业在世界范围内推行可持性发展。全球协约共有包括人权、劳工标准和环境等三个方面共 9 项原则。具体为：

1. 人权

原则 1　支持、尊重和保护国际上宣布的各项人权；

原则 2　企业应当确保不成为侵犯人权的共谋。

2. 劳工标准

原则 3　企业应当支持结社自由并切实承认集体谈判的权利；

原则 4　消除一切形式的强迫劳动和强制劳动；

原则 5　切实废除童工；

原则 6　消除就业和职业歧视。

3. 环境

原则 7　支持对环境挑战采取预防办法；

原则 8 积极推动对环境负起更大的责任；

原则 9 鼓励发展和推广无害环境的技术。

联合国要求世界企业领导人尽其所能，在其业务范围内接受上述原则。

四、企业社会责任的内容

（一）企业社会责任的一般内容

卡罗尔企业责任金字塔模型指出，企业责任从下往上共包括四个方面，分别是经济责任、法律责任、伦理责任和慈善责任。其中经济责任、法律责任是基础，是第一层次，它是企业必须承担的最基本的社会责任。经济责任是企业的目标，法律责任是企业必须承担的社会义务。经济责任即实现赢利，必须以法律责任为前提，任何触犯法律的经济利益都是不真实的、不长久的。而伦理责任和慈善责任为第二层次，是最终目的。企业经营活动中有很多不违反法律但却明显违反社会伦理道德的事情，企业要明确自己的伦理责任，即企业的使命是对社会负责，推动社会的发展。

企业的社会责任是企业的经济责任、法律责任、伦理责任以及慈善责任四者的有机统一，分别包括创造财富、遵守商业道德、保护劳工权利、保护环境和节约资源。具体体现在以下几个方面，如图 3-1 所示[3]：

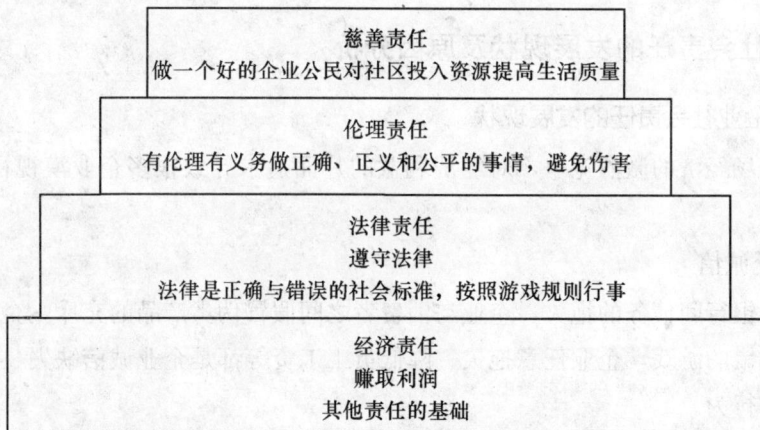

图 3-1 卡罗尔企业责任金字塔模型

"国际社会责任组织"发起制定的 SA8000（SocialAc2countability 8000）企业社

---

〔3〕 王新新. 社会责任金字塔模型及其启示. 企业研究. 总第 272 期.

会责任标准，作为全球第一个可用于第三方认证的企业社会责任标准体系推动和保障企业社会责任运动的健康发展。SA8000 标准体系以改善劳动环境和条件、保障劳动者权利等作为重要目标，涉及包括童工、强迫劳动、结社自由和集体谈判权、歧视、惩戒性措施、工作时间、工资报酬、健康与安全、管理体系等 9 项核心内容。[1]

（二）我国企业社会责任的内容

在西方发达国家，承担社会责任已经成为企业管理的一部分，是公司决策层时常要考虑的问题。而在我国，基于现阶段我国的基本国情，厉以宁教授又将我国的企业社会责任划分为三个方面：

（1）企业最重要的社会责任是为社会提供优质的产品、优质的服务，出人才、出经验；

（2）企业必须重视经济增长的质量。在经济增长的同时，减少企业所在地区的污染，改善环境；

（3）企业要为社会的和谐做出贡献。

然而，在企业的发展过程中，企业的社会责任与企业的利润最大化目标并不总是一致的，因此，在企业决策和实践当中，就会有一些与企业社会责任背道而驰的状况。

五、企业社会责任的发展现状及原因分析

（一）企业社会责任的发展现状

由于市场经济的激烈竞争，对经济利益的片面追求导致很多企业漠视社会责任，主要体现在：

1. 缺乏诚信

企业与银行间债务的拖欠，企业与消费者之间假冒伪劣产品的充斥，企业与政府之间猫捉老鼠的游戏，企业任意拖欠、降低员工工资等都是企业诚信缺失、妄图躲避自身责任的行为。

2. 污染严重

为了创造效益，降低成本，一些重度污染企业根本不经过处理就任意排污。2007年发生的太湖蓝藻事件更加暴露了江河湖泊环境污染问题的严重性。如果被查就缴纳罚款，如果侥幸逃脱就万事大吉的思想使多少母亲河、生命水沦为了臭水沟、排污

---

〔1〕 燕补林.我国企业社会责任现状分析及其对策.商业研究.2009 年第 5 期

场，严重危及居民生活用水安全。

3. 危险作业

因为暴利的驱使，很多企业不顾劳动者的安全，长期让其从事高危险、高强度以及高污染的行业，使一个个年轻的生命断送在诸如黑煤窑、黑砖窑以及各种黑作坊里。这不仅是对社会责任的漠视，更是对生命的漠视。

4. 逃避国家税收

国家税收取之于民，用之于民。企业只图一己之私，逃避国家税收就是逃避社会责任。没有国，哪来家，没有建立良好的纳税习惯，一旦国家遇到困难，企业也没有办法独善其身。尤其是我国的餐饮、娱乐行业，由于消费者本身没有索要发票的习惯，且多为零散消费，致使逃税行为更甚。据不完全统计，每年该行业的逃税率都达50％以上。尽管税务机关推行了有奖发票、定额发票，试图通过调动消费者索要发票的积极性以此达到对商家的监督，但是仍然存在企业由于商业伦理的缺失，想尽各种方法进行逃税的行为。

5. 不正当竞争泛滥

为了获取高额利润，有此企业不惜诋毁、陷害竞争对手，破坏对手的企业形象；或者采用低价倾销，挤垮中小对手；或者采用垄断、囤积居奇等手段抬高市价、损害广大消费者的利益。如楼市高涨的这几年，许多开发商联合捂盘不发，妄图抬高市价，赚取更多的利润，但是这种行为却对我国房地产市场乃至经济都有巨大的不良影响。一方面楼市连连攀升，普通民众叫苦不迭；另一方面楼市炒家进进出出，影响我国经济平稳运行。这些不正当竞争行为的泛滥，最终损害的是国家、人民的利益，危及的是人类生存发展的安全。

（二）企业承担社会责任现状的原因分析

1. 以利润为导向的目标强化了企业的经营责任

日本企业之父涩泽荣一曾说过："当然，世上的商业、工业都是为了图利，不必多言。"如果工商业没有增加利润的效能，工商业的存在就毫无意义，也没有什么公益可言。可见，企业是以追求利润最大化为目标的，这也是千百年来企业得以生存和发展的前提。然而，正是由于企业过分强调以利润为导向的经营责任，忽视应该承担的社会责任，导致企业为了追求利润不惜牺牲一切代价，包括职工的生命安全和人类的环境安全，因此，种种违背社会责任的企业行为也就不难理解了。

2. 企业文化缺乏企业使命感的注入

从我国目前的企业发展来看，享有盛誉的百年老店并不多见，许多企业往往红极一时便走向衰落，究其原因，这与落后的企业经营理念不无关系。因为从一开始，企业便仅仅把目光盯在企业利润上，而缺乏确立一个长远的发展理念，更不要说建立独特的企业文化了。企业发展如果没有和员工的职业规划、社区发展、社会公益等联系起来，便缺乏了持续动力和目标，最终走向衰亡。

在这点问题上，国外企业要重视得多，比如松下电器。松下电器最早成立于1918年，但早在1932年其创始人松下幸之助就正式确立了"服务社会和顾客"的营销理念。在确立这一理念的时候他就一再强调，松下电器并非单纯地为赚取利润，而是为了使人们的生活变得更加丰富、更加舒适，并为了世界文化的发展做出贡献。松下公司不仅将产品质量和服务放在首位，更是将服务社会当做企业的责任，致力于环境保护工作，随时关注伴随生产活动产生的空气和水质污染，实施各种形式的环境保护活动，并提高产品环保性能。比如，松下公司为了解决生产荧光灯过程中的汞污染问题，研发出了汞泡生产工艺，同时还努力采用对环境有利的材料将全部产品制造成绿色产品，并提供环保产品和服务，推进环境和能源事业的发展。正是由于"服务社会和顾客"这一难能可贵的企业文化和理念，才使松下电器历经近百年仍然焕发出勃勃生机。

3. 政府考核体系偏重经济指标

首先，政府作为宏观经济的调控者，对经济、社会、企业的发展都有着导向性作用。但是，由于我国的特殊国情是从经济落后逐步向经济增长转变，决定了在经济发展初期必定是要走粗放型经济增长道路，而且必定是以利润、税收、对财政收入贡献等经济指标来进行考核。在这个时期，政府的指导思想是以量的增长为重点，必然就忽视了环保问题、企业成长能力、企业承担社会责任情况的考查。

其次，我国目前关于对企业承担社会责任的问题尚未形成严格的法律法规，制度建设也尚不完善，没有对企业履行社会责任形成奖惩机制。如企业能耗问题、排污问题、绿色技术创新问题等等。由于这些方面的考查尚未形成量化的标准，因此做得好的企业无法给予奖励，做得差的企业也无法给予适当处罚，使得企业承担社会责任无法推行下去。这里不仅仅是执法的问题，更是社会公平的问题，是一种企业伦理的舆论导向。

4. 社会诚信度的缺失

中国是文明古国、礼仪之邦，向来讲究仁义礼智信。然而，随着对外开放程度的提高，一方面受到了外来文化中一些不良因素的影响，另一方面对经济利益、物质需求的膨胀使得整个社会的诚信体系受到严重挑战。环境安全、食品安全、生产安全等问题都相继暴露出来，在一个缺乏诚信、信任缺失的大环境下，企业缺乏承担社会责任的成长土壤，也成为现阶段企业社会责任缺乏的根本原因。

六、关于企业社会责任相关理论问题的研究

对企业社会责任进行理论上的研究是国内外专家学者解释企业社会责任共同的切入点。目前企业社会责任理论主要包括以下几个方面。

（一）社会契约理论与社会责任理论

社会契约理论从合同的角度出发，评价社会责任，阐明了要求企业社会责任的出现与发展是企业与社会之间不断变化的社会契约关系。企业是一种人格化的组织，企业必须对其经营所处的社会系统进行反馈，因此，其承担相应的社会责任也有必然性。实际上，公认的观点也将现代企业理解为不同个体之间各种显性合同和隐性合同的合集。这里面包含着企业和客户之间、企业和企业之间、企业和员工之间、企业和银行之间，甚至企业与政府之间的复杂的合同，企业的行为实际上就成了一组复杂合同均衡的结果，企业必须遵守合同，有义务按照这一系列复杂合同的约定履行义务，在这种条件下达到的企业的行为符合社会的期望，为社会和经济的改善尽自己的义务的效果。

（二）责任竞争力与企业社会责任理论

2003 年波特在《哈佛商业评论》上发表了《企业慈善事业的竞争优势》一文，认为企业的社会责任是企业竞争优势的产物。企业从事公共事业，表面上为博得更多的认同和社会影响，但实质上，则专注于公司竞争力的增强。企业履行社会责任虽然是非功利性的，但却能转化为企业的竞争力。企业履行社会责任可以提升企业社会形象，跨越国际壁垒，提升企业的长期赢利能力，提升公司竞争力的效果。

从竞争力的角度上说，企业的社会责任已经不是无奈之举，为满足监管与制度要求，而逐步转换为企业培养差异化竞争优势的平台，帮助企业顺利进入新兴市场并最终支持企业实现长期、可持续的增长。对中国企业而言，积极履行企业社会责任，提高责任竞争能力，可迅速熟悉相关出口国的法律、法规，可根据其要求建立起符合公司实际的责任管理体系，促进企业发展壮大。

（三）利益相关者与企业社会责任理论

利益相关者是近些年来企业管理的新兴概念，除了股东的利益以外，受企业决策与行为影响的利益，还包括员工利益、债权人利益、消费者利益、环境保护利益等等，如何满足这些利益相关者的要求，就成为企业社会责任的一个主要问题。

传统企业都是立足于股东，以最大限度地赢利实现股东利润最大化为唯一目标，

随着社会经济的不断发展和环境条件的变化不断演进，企业与包括政府在内的其他社会组织之间社会责任分工的边界在不断调整，利益相关者管理可在解决企业经营问题的同时，综合考虑解决环境保护等问题，而此类过去均应由政府负责解决的社会问题发挥着越来越重要的作用，这使得企业除了实现股东利润最大化目标之外，还应尽可能以维护和增进社会利益为目标，这两方面目标使得企业的经济效益和社会效益要达到一种均衡状态。

公司的利益相关者理论的特征是：第一，公司是由最高权力股东代表及其他利益相关者代表组成；第二，公司的目标不仅是赢利最大化，而且还要承担相应的社会责任。

（四）可持续发展与企业社会责任理论

20 世纪 70 年代以来，随着可持续发展理念的推广，把可持续发展纳入企业社会责任领域已经成为一种共识。企业社会责任与可持续发展的理念是一脉相承的，企业社会责任中对环境保护和资源再利用的要求、企业社会责任理论对企业生存压力的认定、企业社会责任与企业自身可持续发展的一致性，推动企业承担社会责任，有助于企业与社会、环境全面协调、可持续发展。企业不仅仅要追求利润，它的发展更离不开社会的支持，企业走可持续发展之路，就必须承担合理的社会责任。企业社会责任能够提高企业的竞争力和声誉，是通向可持续发展的重要途径。可持续发展理论与企业社会责任的关系为：

首先，可持续发展成了企业社会责任的重要方面。企业和政府都不能完全解决市场失灵问题，而企业社会责任在一定程度上可以弥补政府干预和市场调节的缺陷，从整个社会的角度上讲，承担企业社会责任有助于企业实现经济与环境的共赢。因此，企业社会责任在推动可持续发展方面发挥着独特的作用，是推动可持续发展的第三种力量。

其次，企业履行社会责任是企业可持续发展的必然要求。虽然从短期上看，企业承担社会责任要求企业付出一定的成本，但从长远上看，企业履行社会责任后，社会对企业的认可度提高，企业的无形资产和品牌形象将进一步提升，社会对企业的产品需求也会提高，企业的可持续发展能力自然就获得了提升；经济社会的可持续发展为企业扩大生产规模、改进设备和提高劳动生产率提供了良好的外部条件。

（五）公司治理理论与企业社会责任

公司治理是管理学概念，一般指公司股东会、董事会、监事会的功能、结构、股东的权利保护，股东义务的履行等方面的制度安排。

在法律没有规定的情况下，企业社会责任是一个道德性概念，只能在公司治理环节具体体现，这就需要改革传统的、以股东为本位的公司内部治理结构，强化非股东利益相关者参与公司内部治理，以弥补公司外部治理结构在非股东利益相关者利益保护上的缺陷，让非股东利益相关者参与公司治理，营造与社会责任相适应的公司运作外部市场环境。

这些理论均从不同角度解释着企业承担社会责任的原因，并对企业社会责任的具体承担形式进行了阐述。综合上述理论，应当从企业内部治理、国家立法、道德约束等多方位对企业社会责任进行引导。

七、企业社会责任的构建

（一）改进企业经营理念，主动承担社会责任

经济学理论告诉我们，资源具有稀缺性，意味着一方占有，另一方就一定失去，因此，多数企业总是认为，企业财富和社会责任此消彼长，不愿意承担社会责任。然而，市场机制虽然是配置资源的有效手段，但是却存在固有缺陷，即市场失灵。虽然短期内，企业可能会由于牺牲他人的利益而取得一些收益，但是随着时间的积累，市场环境的恶化最终会影响企业自身的发展。因此，新的发展观证实，只有勇于承担社会责任、具有历史使命感的企业才是经久不衰的企业，才是可持续发展的企业。

（二）加快立法、执法力度，创造企业承担社会责任的外部条件

要在公司法中突出强调企业必须承担的基本社会责任，把企业的社会责任纳入法制化、规范化的管理体系中，使企业在生产经营的过程中严格遵守《劳动合同法》、《生产安全法》和《环境保护法》，在创造利润的同时为社会做出自己的贡献。

（三）改进政府对企业的绩效评价体系，纳入社会责任考评指标

在发达国家，对任何一个企业都是从经济、社会和环境三个方面来评价的，并且将企业社会责任作为一个制度化、规范化的管理体系。政府在考评这些企业绩效的时候，不仅有经济指标的考量，如 GDP、上缴利税、对地方经济的贡献等等，还会将诸如道琼斯可持续发展指数、多米尼道德指数等社会责任指标纳入其中。就连《商业道德》、《财富》等重要刊物也将企业社会责任纳入评价体系。可见，我国在企业评价方面还相对落后，急需加快评价体系的建设，尽快与国际接轨。

（四）加强对企业承担社会责任的舆论宣传，营造推进企业社会责任的社会氛围

一切事物都是通过外因影响内因而起作用的，换句话说，无论我们的体制有多完

善、法律有多严密，最终还是需要企业本身有承担社会责任的意愿和决策。因此，现阶段，我们只有充分利用舆论媒介的宣传作用，一方面积极推广实践企业社会责任的案例，提升这些企业的品牌形象；另一方面，让更多的人、更多的企业认识到承担社会责任的重要性，才能自发地、高效地发挥企业在社会发展中应有的作用，推动社会的进步和企业自身的提升。

第二节　环境伦理

一、环境伦理的内涵

（一）环境伦理的概念

环境伦理是伦理学与环境发展的融合，研究人与环境在相互作用过程中所包含的伦理观念与行为。它并非简单地、教条式地传达尊重环境、保护环境的思想，而是在新形势、新条件发展下倡导人与自然环境的和谐、统一发展。

（二）研究环境伦理的意义

对环境伦理问题的认识，决定了我们对环境问题的反应。随着生产方式和生活方式的巨大变化，人类活动对环境也造成了深刻的影响。这些影响包括：污染、资源耗竭、对动物栖息地的掠夺、废物处置、人口爆炸、土壤破坏、空气和水质的恶化、物种的消失以及全球性的气候变化等问题。这些问题已经开始严重危及人类的生存系统：全球性的极端天气情况频繁出现；由于恶劣气候导致的自然灾害使得人类伤亡人数频频攀升；各种新型病毒的流行使人类猝不及防；与人类息息相关、共生共存的多个物种的濒危都在警示着人类是否会遭遇类似的灭绝。因此，研究环境伦理问题成为当今时代刻不容缓的课题，是善待自然、保护环境的举措，也是人类寻求自身延续与发展的举措。

（三）商业环境伦理的必要性

环境伦理是制定社会、政治及经济政策的基础，更是商业活动，尤其是企业生产应该考虑的重要因素。大型企业尤其是跨国公司在生产经营过程中，要有全球性的责任观念，而不仅仅保护或顾及自身所在区域的安全。然而不幸的是，在当今片面追逐利润的商业活动中，不惜以牺牲环境资源为代价的事件屡屡发生。不是企业不懂得环境伦理，而是受到利益驱使，同时利用当地政策法律的漏洞和公众的环保意识淡薄。更有甚者，通过向相对贫困和落后地区转移生产由于破坏环境而被禁止的产品，一方面继续保持自己的高额利润；另一方面实现对这些地区的资源掠夺和环境侵略。比如，发达国家对于森林覆盖率有相当高的要求，而他们同样消费木材制品，那么这些木制品从何而来呢？从落后的亚、非、拉地区进口。我们做筷子出口，表面上看是出口创汇，而就是为了做这种毫无附加值的筷子，我们已经砍了20％的森林资源，由此带来的土地沙化、水土流失、沙尘暴的肆虐却是无法估量的。在更加贫困的地区，由于当地政府缺乏资金来恢复和维护遭到破坏的生态环境，这种类似于杀鸡取卵似的"环境种族歧视"行为只会加重贫困和环境的持续恶劣，而最终导致全球生存环境的危机。

因此，功利主义决不是企业的全部哲学，康德的绝对生命价值理论还强调对人类权利的尊重和禁止任何危害人类健康和生命的行为。除了对人的关注以外，商业行为还必须考虑其他物种的利益。只有生物多样性的存在，才能使人类持续、稳定地繁衍下去。

二、环境伦理的主要流派和观点

环境伦理是一个以环境伦理学家们所确认的道德义务范围为根据的多元化话语体系。不同学派所思考的角度不一样，所采用的伦理学方法也有差异，虽东西方文化背景有所不同，但在对环境伦理问题的认识上却有着相对集中的观点。

（一）西方传统文化中的环境伦理观

1. 人类中心主义的环境伦理观

人类中心主义的环境伦理观认为，人只对人负有直接的道德义务，而对于人以外的其他存在物只是一种间接义务。这种观点强调以人为中心，否定了自然的作用，认为人与自然的关系不具有任何伦理色彩。但是，随着人类文明的发展，现代的人类中心主义也试图对人的利益做出某些限制。例如诺顿（B. Norton）就把人的偏好区分为感性偏好和理性偏好。他指出，对于人的偏好不加反思和限制是不合理的，只有那种既满足人的理性偏好，并依据一种合理的世界观对这种偏好的合理性进行评判的弱势人类中心主义才是合理的。

2. 动物解放权利论

这种观点把道德义务的范围扩展到了所有的动物，把保护动物之外的其他存在物的义务理解为人对动物所负有的一种间接义务。

3. 生物中心论

它把道德义务的范围扩展到了所有的生命，认为人与其他生命的关系也具有伦理意义。例如泰勒的生物平等主义认为，所有的生命都拥有"天赋价值"，因而应被当做一种目的本身来加以尊重。

4. 生态中心论

把道德义务的范围扩展到了整个地球。利奥波德的大地伦理学把维护地球生态系统的完整、稳定与多样化视为判断人的行为的道德价值的重要标准之一；以内斯为代表的深层生态学把生态环境视为人的自我的一部分，并把保护环境理解为自我实现的内在要求。

统观整个西方环境伦理观，我们不难发现，人类中心主义、动物解放权利论以及生物平等主义都较为重视个体的独立与价值，有明显的个体主义色彩，而生态中心论更注重整体的和谐与完整，因此更具有整体主义的思想。

（二）中国传统文化中体现的环境伦理

和西方的人类中心主义环境伦理观不同，中国传统文化中所倡导的儒家、道家、释家的思想基本上都是非人类中心主义的。

儒家没有明确的关于解放动物或动物的权利观念，但是它从"恻隐之心"的角度来探讨关心和保护动物这一问题。如孟子："君子之于禽兽也，见其生，不忍见其死；闻其声，不忍食其肉。是以君子远庖厨也。"（《孟子·梁惠王上》）就是动物权利观念的一个写照。尽管儒家的"天人合一"思想带有较多的浪漫主义色彩，但却已经把尊重大自然、爱护地球环境作为一种现实的、具有责任伦理的道德规范加以表述出来。

道家没有提出专门的保护动物的伦理思想，但是它也有类似的主张："天地万物，与我并生类也；类无贵贱"（《列子·说符》）。这也是一种生物平等观念。道家的"道法自然"、"不以心捐道、不以人助天"的观念，与泰勒的"尊重大自然"的基本思想也有不谋而合的地方。

释家的"不杀生"戒律也是动物解放权利论的表现。此外，"山河大地都是佛身"的观点更是超越了泰勒的生物平等主义，上升到了所有存在物的平等主义的思想高度。

（三）当代环境伦理观

通过对上述中西方传统环境伦理观的认识和了解，我们发现，随着社会的不断发展和变迁，环境伦理思想也在经历着深刻变化，主要体现出以下几个特点：

1. 狭隘的人类中心主义是环境问题的根源

由于片面追逐利润，人类对于环境过分索取而缺乏必要的补偿和给予，使得环境危机一触即发。但是，不能简单地把环境危机归结于经济和技术的问题，更多的是人类价值观念的取向。只有启动人们内心深处的道德标准，用环境伦理指导人类行为，才能从根本上解决环境危机。

2. 地球承载力有限，人类必须转变生产生活方式

随着人类呈几何级数增长，地球的负荷也与日俱增。环境伦理观使我们认识到地球并不是一个无限膨胀的球体，它同样存在着自身的临界点，在这个临界点尚未到来之前，人类必须节制空前膨胀的物质欲望，纠正以往粗放的生产方式和高消费主义的生活方式。发展中国家努力平衡经济增长和环境保护的困境，发达国家有义务减少能耗，维护地球生态平衡。

3. 发挥人类在环境问题中的主观能动性

人类是地球上唯一的道德代理人，必须承担起保护环境的责任。但是这并不意味着人类不能利用和开发自然资源，在人类的根本利益与其他生命利益发生冲突时可以优先考虑人类。但是，新的环境伦理观要求我们不能为了琐碎的、不可持续的目的而浪费、消耗自然资源，要求我们探讨人类积极利用自然、开发自然、与环境和谐共生的生存方式。

三、环境伦理在当今社会的发展和应用

在新的环境伦理观下，没有独善其身的国家和地区，"地球村"的概念早已渗透到各个方面。生态环境是公共财富，生态环境利益是公共利益，人与自然协同进化的环境伦理，既是一种新的环境道德理念，更是一种指导人类实践活动的行为规范。目前在世界范围内，环境伦理主要强调低碳经济。低碳经济与环境伦理密不可分，它同时强调排放最少的温室气体与经济发展两方面因素，可做到减少温室气体排放的同时，不影响公民的社会福利和生活质量，不牺牲社会经济的发展，从而获得整个社会最大的产出。

低碳经济的核心是能源技术和减排技术创新、产业结构和制度创新以及人类生存发展观念的根本性转变，其目的是能源的高效利用、清洁能源的开发以及绿色 GDP。因此低碳经济被人们认为是继工业革命、信息革命后第五波改变世界经济的革命浪潮，而低耗能源将成为未来人类生活的主流模式。

欧盟早在 2000 年 2 月便提出了以城市照明为基础，致力于倡导绿色照明、节能减排理念为核心的 Green Light 方案，该方案通过使用成熟的技术、产品和服务，可使照明能源减少 30％至 50％的消耗，可使企业内部收益率达到 20％以上。虽然该方案没有强制性，但欧洲企业尤其是跨国公司均通过改善照明质量、投资节能照明系

统，达到共建低碳社会的目的。目前强生公司、麦当劳和宜家等大型连锁公司，均已加入其中。

2003 年，飞利浦公司面向全球设立了"City · People · Light"（城市·居民·灯光）国际奖项，旨在利用先进的 LED 绿色光源点亮城市，并通过灯光所特有的视觉性和效果勾勒出流光溢彩的城市夜景，从而使城市更加个性化、人性化。与此同时提高居民的安全感，使他们对自己所居住的城市充满归属感和自豪感，正如"City · People · Light"这个名字一样，真正地将城市、居民和灯光有机地融合为一体。目前包括韩国的首尔、奥地利的维也纳等城市均受益于该奖项。"低碳经济"不仅能够减少温室气体排放，创造适宜人类居住的自然环境，同时它也是刺激全球经济复苏的强大动力。

我国历史上由于片面追求经济效益而导致灾难性生态破坏的教训是十分惨痛的。尤其在解放初期，单一地以追求数量为目标的生产使全国很多地区出现了盲目、过度地开发。"毁林垦荒"、"围湖造田"、"乱采滥挖"事件比比皆是，很多地方我们至今还在深受其破坏生态所造成的恶果。

时至今日，随着环境伦理的逐步建立和科学发展观的倡导，我们已经开始认识并重视生态环境对人类发展的重要性，采取了多种手段恢复生态，如"退耕还林"、"保护湿地"、"构建多样化的生物圈"等等，在考察地区发展的指标上也引入了绿色 GDP 概念，力图实现经济发展与环境保护的协调统一。

2008 年，在我国政府提出的 4 万亿经济激励计划中，以环境基础设施建设、新能源开发和能效提高为重点的领域就占了整体的 18%。如果能够抓住机会发展"低碳经济"，则可以转变我国的发展模式；实现经济可持续发展。随着"低碳经济"的全面推动，我国政府特别为城市照明制定了"'十一五'城市绿色工程规划纲要"，以 2005 年为基数年，以每年城市照明节电 5%，5 年（2006 年～2010 年）累计节电 25% 为目标。根据"十一五"规划要求，必须达到节电 290 亿千瓦，同时减少二氧化碳排放量 2 900 万吨。

第三节　循环经济和可持续发展观

一、循环经济的科学内涵

（一）循环经济的概念

所谓循环经济，是指通过资源的循环利用，以最少的物质消耗实现最大产出的经济活动。循环经济以资源的高效利用和循环利用为核心；以"3R"为原则，即减量化、再使用、再循环；以低消耗、低排放、高效率为基本特征；以生态产业链为发展载体；以清洁生产为重要手段，实现物质资源的有效利用和经济与生态的可持续发展为目的。

（二）循环经济的原则

1. 减量化原则

要求用较少的原料和能源投入来达到既定生产目的或消费目的，进而从经济活动源头开始节约资源、减少污染。在生产中，减量化原则通常表现在产品的小型化和轻型化方面，包装也应追求简单朴实而不是豪华浪费，从而达到减少废弃物排放的目的。

如日本的索尼公司，通过对大型号电视机的泡沫塑料缓冲包装材料进行改进，采用 8 块小的材料进行分割式包装来缓冲防震，从而减少了 40% 的泡沫塑料使用；对小型号电视机更是采用纸浆模塑材料替代了原来的泡沫塑料材料。此外，他们还通过减少容器厚度、薄膜化、削减层数等方法尽可能减少包装材料的使用数量。

2. 再使用原则

要求制造产品和包装容器能够以初始的形式被反复使用，目的是延长产品和服务的时间长度。再使用原则体现了对当今世界一次性用品泛滥的抵制，提出生产者应该将制品及其包装视同一种日常生活器具来设计，从而使其像餐具和背包一样可以被反复使用。

以美国最大的城市纽约为例，政府建议居民将可以利用的旧门窗、旧家具与他人交换，或捐献给慈善机构。纽约市卫生局还设立了物品交换电话服务，通过数据库，免费提供 1 万多家机构有关捐献、收购、租赁、修理旧货的录音信息。卫生局还与纽约市文化事务局合作，收集废弃办公设备，无偿提供给非营利文化团体和组织；鼓励居民举办物品交流日，并为他们出售、交换、捐献自己不需要的物品提供场地。

3. 再循环原则

要求生产出来的物品在完成其使用功能后能重新变成可以利用的资源，而不是不可恢复的垃圾。在循环经济中，再循环有两种情况，一种是原级再循环，即废品被循环用来产生同种类型的新产品，如废纸再生形成新的纸张、玻璃瓶生成新的玻璃瓶等等；另一种是次级再循环，即将废物资源转化成其他产品的原料。

例如，电厂排放的粉煤灰，如不采取联合建筑材料生产的方式，则只能排放到山谷、河谷、坑塘之中，形成这种再生资源的人为堆积地，最终成为废弃物。而在再循环思想的指导下，采用联产供应的方式，电厂通过管道将粉煤灰直接输送供应给建筑材料生产企业，从而使这种再生资源成为建筑材料生产企业的主要原料，实现了资源化。同样，化工石膏、冶金矿渣等也非常适合采取这种方式。

"3R"原则有助于改变企业的环境形象，也能使企业的社会价值与经济价值高度统一。如杜邦公司的研究人员就创造性地把"3R"原则与化学工业实际结合起来，通过放弃使用某些对环境有害型的化学物质、减少化学物质的使用量以及采用新工艺回收本公司产品的做法，在过去 5 年中使在生产过程中造成的固体废弃物减少了15％，有毒气体排放量减少了 70％。同时，他们在废塑料如废弃牛奶盒和一次性塑料容器中回收化学物质，开发出了耐用的"乙烯材料—维克"等新产品，不仅在社会中树立了良好的企业形象，更是承担起了企业应有的社会责任。

（三）循环经济发展模式的特点

作为一种新的经济发展模式，循环经济理念虽然已经开始逐渐被人们所接受，但在认识上，却存在着许多误区，如把它当做过去一度盛行的"废弃物回收利用"的变形等等。事实上，相对于传统的"线性经济"的发展模式，循环经济是一种全新的"圈式经济"的发展理念，与以往的任何经济发展模式都有本质的区别。

1. 循环经济是一种与环境和谐发展的经济模式

循环经济的整个活动组织是一个从"资源消费——产品——再生资源"的生产过程。在这个过程中除了要求物尽其用、循环往复以外，还特别注重对环境的低开采、高利用和低排放，把经济活动对自然环境的影响降到最低，从而从根本上解决经济发展与环境保护之间的尖锐冲突。在这种模式中，并不简单地对生产废物进行回收利用，而是在整个生产设计当中就融入了环保的思想理念，强调时时、处处以有益于生态环境为目标的发展模式，是一种起点更高、方式更科学、可持续性更强的发展理念。

2. 循环经济不是简单的资源循环

早在中国古代就有许多资源循环利用的做法，比如农民既用柴薪煮饭，也用其热能取暖；人类及牲畜的排泄物既是废弃物也可用于田间的肥料；许多农作物的残渣还可用作燃料等等。虽然这与循环经济有着类似的过程和方法，但是古代的这种做法仅仅从节约的角度出发，而且也仅仅局限于微观经济领域，对于整个社会的资源和环境的可持续发展却没有什么认识。其次，由于是民间的个人行为，在技术上也多以经验、技巧为主，没有形成系统的技术体系或要达到具体的技术目标。而循环经济以可持续发展理论为思想基础，以科学的理论为指导，通过在产业之间的代谢和共生，形成一个封闭的循环产业链条，能够在全社会范围内实现资源的节约和环境的改善，对于人类与环境的长期共存起到重要作用。

3. 循环经济更加关注人的健康安全

一说到废物利用很容易使人们联想起一些危害人类健康安全的不道德回收行为，如对病、死牲畜的加工、销售；对地沟油的提炼、食用；对使用过的一次性医疗器械的买卖和再利用等等。这些不法活动不仅不利于环境保护，更严重危害人类的健康，与我们所倡导的循环经济也大相径庭。循环经济首先就是要遵循以人为本的原则，尊重人的需要和利益的发展，在这个基础上同时关注环境的承载力和资源的消耗程度。通过清洁生产、净化生态环境、减少废料和污染物的生产和排放，促进产品在生产和消费过程中与环境的相容，使产品从生产到最后消耗殆尽都不危害人体健康和生态环境。

循环经济从"生态——经济"整个大系统出发，站在更高的起点上对物质转化的全过程采取战略性、综合性和预防性措施，从而降低经济活动对资源环境的压力以及对人类生存的潜在影响，以人的全面、可持续发展为前提，实现经济效益、环境效益和社会效益的和谐统一。

二、循环经济的落实需要法律保障

（一）完善循环经济立法是实现可持续发展战略的要求

可持续发展，是指既满足当代人的需要，又不对后代满足需要的能力构成危害的发展。它主要依赖于可再生资源的不间断供给，强调的是生物资源的可持续利用。因为过度地开发和利用某些资源，有可能导致补给的逐年减少，资源自身修复的能力不足以满足人类的需求，从而导致物种的衰竭甚至灭绝，对人类未来的生存和发展造成威胁。按照可持续发展的要求，我们必须要处理好经济发展、社会发展和生态环境保护的关系。但是，由于过去我国实行的是高能耗、高污染、粗放型的经济增长模式，必然导致对资源的过度使用和对环境的破坏，如果再不用强制性的法律手段来规范企业的生产行为，就会形成以牺牲后代人利益为代价的经济发展方式。因此，必须完善循环经济立法，强化全民循环经济的法律意识，提高资源的使用效率。只有这样，才能实现经济效益、社会效益和环境效益的和谐统一。

（二）完善循环经济立法是转变经济发展模式的需要

我国是世界上人口最多的国家，要满足人们日益增长的物质需求，就必须发展经济，而发展经济就需要消耗大量的资源。虽然发展经济与日渐短缺的资源有着尖锐的矛盾，但我们却不能顾此失彼，偏重任何一方都会带来不同程度的损失，只有改变传统生产方式，改变高投入、高消耗、低产出、低效益的粗放型经济增长方式，才能满足子孙后代的长期发展需要。要改变这种状况，就要确立全新的经济发展模式，采用减少废料或对废物进行还原和再利用的循环经济发展模式。这种模式不仅可以解决经济高速发展中存在的资源短缺的问题，还可以减少污染物的排放，实现经济的稳定、持续发展。

完善循环经济立法是实现人类新文明的需要。人类与自然的关系应当是一种和睦的、平等的、协调发展的关系。它要求人类必须改变以追求物质需要为核心的传统消费观念和以牺牲环境为代价的传统发展观念，在研究地球再生能力和环境自净能力的基础上，使人类与自然协调发展。人类必须在遵循自然规律的前提下，行使利用自然条件的权利，同时承担保护自然条件的义务，合理地开发和利用自然资源，善待自然、善待与人类共存的其他生命物种。如今，这种新型的发展观已被世界上越来越多的国家所接受，而我由于一些历史原因和自身发展状况，才刚刚开始重视这种观念。因此，有必要通过多种形式促使人们转变观念。循环经济强调的是公众参与，通过完善循环经济立法，可以促进人们养成节约资源和自觉保护环境的习惯，促进人类新的可持续发展。

(三) 完善循环经济需要法律的保障

我国目前还没有制定专门的《循环经济促进法》，但已有部分法律法规对此有所涉及。对循环经济进行明确规定的是《中华人民共和国清洁生产促进法》。该法第九条强调："县级以上地方人民政府应当合理规划本行政区域的经济布局，调整产业结构，发展循环经济，促进企业在资源和废物综合利用等领域进行合作，实现资源的高效利用和循环使用。"但是总体来看，我国循环经济立法还处于萌芽状态，虽然能够对废物再生利用起到一定的强制作用，但法律规定归于笼统，距离循环经济发展要求实现的废弃物资源化、减量化和无害化，把有害环境的废弃物减少到最低限度的目标还相差甚远，必须进一步完善。

首先，要建立和完善循环经济法律体系。应当在环境基本法——《中华人民共和国环境保护法》中，将循环经济作为一项原则予以规定，从而为生态环境单行法的制定提供法律依据。

其次，应通过立法明确政府在促进循环经济发展中的职责。要求各级政府在各种规划中，合理安排工业、农业、商业的布局，以减少资源的耗损和污染的排放；明确政府有关部门负责组织、协调全国的循环经济促进工作，国务院环境保护、计划、科学技术、农业、建设、水利和质量技术监督等行政主管部门，按照各自的职责，负责有关的循环经济促进工作，并组织宣传、普及循环经济知识，同时对社会团体和公众参与循环经济进行宣传、教育、推广。

第三，要通过立法强制重点企业实施循环经济。建立循环经济法律体系的目的，是要通过法律具有的强制性特征实现"资源消费——产品——再生资源"这一封闭性的良性循环，实现经济社会的可持续发展。

第四，要通过立法规定消费者在循环经济中的义务，提高公众的环保意识，促使公众更加关注公共环境，建立环境保护意识，以实现可持续发展。

循环经济是一种新型的经济发展形态，是对传统发展模式的一场革命。不能设想仅靠号召和先进的技术就能推行这种经济形态。它是一门集经济、技术和社会于一体的系统工程，科学、严格地管理是做好这项工程的重要条件。因此，政府和企业都需要建立起一套完备的办事规则和操作规程，并且有监督其实施的管理机制和能力。通过政策法规的规范、企业环保意识的提高、公众环保意识的普及和共同的努力，鼓励绿色产业和环保企业的发展，推动循环经济的落实。

三、各国循环经济的发展状况

（一）瑞士：重视回收，循环利用

瑞士是一个国土面积仅为 4.1 万平方千米、人口约为 700 多万的欧洲小国。尽管幅员不算辽阔，但却是历史悠久的发达国家，其在环境保护方面更堪称世界一流。

瑞士是首批循环利用塑料瓶的国家之一，目前对用过的塑料瓶回收率已高达 80％以上，而欧洲其他国家的回收率仅为 20％～40％。正因如此，瑞士对废塑料瓶的加工水平也在全世界名列前茅。目前，瑞士全国设有 1.5 万个收集塑料瓶的中心，平均每个居民每年送往收集中心的塑料瓶达 100 余个。此外，为了鼓励企业承担起自身的社会责任，瑞士政府明文规定，企业只有在使废弃的塑料瓶回收率达到 75％的情况下才能获准广泛生产与使用塑料瓶，同时政府对每个塑料瓶增加 4 个生丁（约合 0.24 元人民币）的税收，作为回收废塑料瓶的专用基金，也从客观上抑制了大家对塑料瓶的浪费。

瑞士也十分重视循环利用罐头盒。全国各地设有 4 000 余个回收箱，每年回收废罐头盒 1.2 万吨以上，即平均回收每人 1.7 千克。回收来的罐头盒经过加工处理用于制作锅、工具、管子，甚至汽车外壳等金属产品，既节省了原材料和能源，也减少了空气污染，保护了生态环境。

瑞士也采取同样措施回收废电池。联邦环境局专门设有负责回收废电池与蓄电池的机构。据悉，目前世界上仅有两家废电池处理厂，一家在日本，一家在瑞士。在瑞士居住的人不得随意丢弃废电池，也不能混同其他垃圾一起丢弃，必须投放到专用的回收箱，或集中起来交给物业管理人员处理。据报道，瑞士每年销售约 3 800 吨干电池，2003 年对废电池的回收率为 64%，该国政府的目标是使废电池的回收率达到 80%以上。

近年来，手机大量进入瑞士市场，由于手机更新换代非常快，瑞士全国每年约有 150 万部手机被淘汰，因此，2003 年，瑞士正式成立了回收旧手机的专门机构，并在全国 8 000 余个邮局开设了收购旧手机业务。在不足 3 个月时间里，全瑞士就收购了 5 000 多部旧手机，其中近 2/3 还完全可以使用，只不过款式和功能有点过时罢了。回收来的旧手机集中送往设在日内瓦的一个专门工厂进行检测、分拣和处理。通过简单的处理和加工，运往不发达国家销售。由于旧手机价格便宜，很受当地消费者欢迎。

（二）以色列：惜水如金，革新技术

以色列 60%的国土面积被列为干旱地区，缺水成为了严重制约以色列经济发展的瓶颈。在建国 50 多年的时间里，以色列在水资源利用、回收和管理方面摸索出了一套成功的方案，创造了在农业产量增长 12 倍的同时，农业用水量却只增加 3 倍的神话，为我们节约和合理使用淡水资源提供了宝贵经验。

以色列于 1959 年颁布《水资源法》，规定境内所有水资源归国家所有，任何单位或个人不得随意汲取地下水。除此之外，政府制定阶梯水价，鼓励农民节约用水。以色列每年可供利用的水资源约为 20 亿吨，但是由于经常出现干旱，每年可能利用的水资源一般不超过 17 亿吨。农业灌溉每年需要用水 10 亿吨，其中一半是含盐度高的咸水和经污水处理后的净化水。因此，政府对净化水另外规定了价格，以鼓励对水资源的回收和再利用。

以色列淡水资源有限，可是人口却一直在增长，用水压力与日俱增。因此，为了应对缺水危机，以色列政府一方面积极支持和推广节约用水技术；另一方面鼓励广开门路，增加水源。几十年来，以色列开发的节约用水技术层出不穷，农业上用滴灌技术就是其杰作之一。实践证明，应用滴灌技术有以下几个好处：

（1）水可以直接输送到农作物根部，比喷灌节水 20%；

（2）在坡度较大的耕地应用滴灌不会加剧水土流失；

（3）从地下抽取的含盐度高的咸水或经污水处理后的净化水可以用于滴灌，同时不会造成土壤盐碱化。目前，滴灌技术还用上了自动阀和计算机控制技术。以色列化肥制造商为了配合滴灌技术也研发出了可溶于水的产品，施肥与滴灌同时进行，既提

高了生产效率也节约了成本，使滴灌技术日趋完善。由于农业节水技术不断进步，以色列建国 50 多年来，农业灌溉用水从 8 000 吨/公顷下降到 5 000 吨/公顷，可耕地面积却增加了近 180 万公顷。

（三）韩国：资源节约，环境友好

韩国国土面积狭小，人口稠密，每年消耗能源折合成原油达 1 亿多吨。因此，韩国政府十分注重环保和资源的循环利用。2002 年，韩国用于环境保护的财政支出的预算达到 13 万亿韩元（约合 111 亿美元），占其当年国内生产总值的 2.3%，高于发达国家德国和法国的 1.6%、日本的 1.4% 和英国的 0.7%。与此同时，2001 年，韩国财政经济部、外交通商部、科技部和环境部等 9 个部制定了一份为期 10 年的《环境产业发展战略》。根据该战略，韩国的环境产业到 2010 年要具有 21 世纪的国际竞争力，符合世贸组织体制下的环境市场开放条件和发达国家的环境标准，成为"环境模范国家"。[5] 为了缓解资源缺乏，韩国在开发新能源上非常积极。韩国政府和民间自 2000 年～2005 年，5 年间投资 80 亿韩元，普及太阳能高效造氧技术，以替代化石能源，减少温室效应；建造垃圾填埋场，兴建沼气发电厂，供居民家庭使用；到 2005 年底，韩国各地建成沼气发电厂 30 座、沼气供暖站 43 座。

早在 1992 年，韩国便开始实施被称为"废弃物预付金制度"，即生产单位依据其产品出库数量，按比例向政府预付一定数量的资金，根据其最终废弃资源的情况，再返回部分预付资金。从 2002 年起，韩国将"废弃物预付金制度"改为"废弃物再利用责任制"，即从限制排污改为废弃资源的再利用。韩国政府制定的《废弃物再利用责任制》规定，家用电器、轮胎、润滑油、日光灯、电池、纸袋、塑料包装材料、金属罐头盒、玻璃瓶等 18 种废旧产品须由生产单位负责回收和循环利用。2004 年和 2005 年，食品盒、方便面泡沫塑料碗、合成数脂、外包装材料等将先后实施"废弃物再利用责任制"。如果生产者回收和循环利用的废旧产品达不到规定比例，政府将对相关企业处以罚款，罚款比例是回收处理费的 1.15 倍至 1.3 倍。例如，空瓶的回收比例必须达到 80% 以上。"废弃物再利用责任制"，对减少废弃物的排放，促进废弃物的循环利用起到了积极作用。

四、走可持续发展道路，引导企业绿色效益

建立循环经济体系，实际上就是要走生态持续、经济持续和社会持续的可持续

---

〔5〕 http://www.zz91.com/cn/trade2088.html

发展道路。在这种科学发展观的引导下，企业同政府、社会一样扮演着重要的角色。尽管我们仍然追求高效益、高增长速度，但是我们衡量的标准却不只是数量上的提高，而是应包含环境效益在内的综合效益的提高。因此，走可持续发展道路，除了要在法律上提供必要的保障以外，还要建立一套行之有效的绿色 GDP 考核体系。

（一）树立以绿色 GDP 为标志的新的政绩观

发展循环经济，走可持续发展道路需要政府的引导和政策的规范。政府官员的发展观念就成为了一个主要的导向，考核官员的环保责任已逐渐成为国际趋势。2002年在南非召开的"可持续发展"世界首脑会议便强调，建立各级政府的"环境保护问责制"，环保政绩将直接与政府官员的升迁和任免挂钩，从而从机制上完善环境保护制度。绿色 GDP 考核体系涵盖指标很多，主要有：

（1）单位 GDP 消耗多少能源；

（2）单位 GDP 消耗多少水源；

（3）单位 GDP 消耗多少原材料；

（4）单位 GDP 释放多少污染物；

（5）全员劳动生产率有多高；

（6）单位国土面积上能够承载多少经济总量。

衡量干部政绩的指数也应由原来单纯考察财政、税收、GDP 等硬指标转化为恩格尔系数、基尼系数、人文发展指数、二元结构系数、集约化指数等综合性指标。

（二）树立以绿色 GDP 为标志的新的生产观

发展循环经济，走可持续发展道路关键在于转变企业的生产观念。要让企业充分认识到自己所承担的社会责任和义务。当经济发展造成环境污染、空气污染和水污染时，要消除或者减少这种污染所带来的危害是要花上成倍的代价的。一个典型的例子就是英国的泰晤士河。在英国工业革命时，由于没有环境保护的观念，一味追求工业革命带来的巨大产出使得泰晤士河严重污染，时至今日，虽然治理了一百多年，花了上千亿英镑的代价，却仍然不能完全消除污染的情况。我国的云南滇池、江苏太湖都因大力发展化工行业，缺乏污水排放的治理，导致曾经风光秀丽的鱼米之乡藻类丛生、臭味难闻，连基本的饮用水标准都无法达到，更不用说鱼类的繁衍和物种的丰富了。

目前，我国现有的环境法律体系还不完善，缺乏对企业污染行为量化的标准，因此，要保护我们的生存资料、生态环境只能依靠企业的社会使命感。在"经济挂帅"

的当代，企业不仅要创造经济效益，更要关注社会效益，努力为子孙后代创造出和谐、友好的自然环境才是企业生产、发展的最终目标。

中国近30年的历史是进步最快、收获最多的阶段，也是环境代价最大的30年。为了取得经济的腾飞，人民生活的富裕，在很大程度上采用了粗放型的增长方式，所带来的直接后果就是牺牲环境、提高效益。但是，随着我国物质生活的稳步提高，而资源承载的压力却越来越大，传统的发展战略已导致未来的不可持续。在不久的将来，我国将面临诸如人口持续膨胀、人均资源占有持续下降、现代化进程的急速推进、区域间不平衡的加剧等诸多问题，而解决的方法只有实行科学发展观，走可持续发展道路。不以牺牲子孙后代利益的发展才是真正的发展，政府、企业、居民都应承担起自身的责任，共同构建美好的地球家园。

本章小结

本章主要探讨了企业社会责任与经营活动中商业伦理的问题。现代企业既是经济实体，又是伦理实体，因而，除了承担经济责任、法律责任这些基本责任以外，还要承担伦理责任、慈善责任。企业应该充分认识到自身在保护环境、节约资源、促进人类持续稳定发展中所扮演的重要角色，摒弃利润导向论、资源无限论的观点，积极探索和发展新的生产方式和经营方式，促进经济、社会、环境三者的和谐统一。随着社会的发展和人类的进步，落后的、违背商业伦理、社会道德的生产和经营方式将逐渐被取代和遗弃，只有发展循环经济、走可持续发展道路才是正确的、科学的发展观。

同步练习

一、单项选择题

1. （　　）是指在市场经济体制下，企业不仅为自己和股东创造财富，还应该考虑影响或受影响于企业行为的相关利益人的利益，这些人包括雇员、消费者、社会弱势群体或其他社会人员，并对社会承担应有的责任。

A. 企业社会责任 　　　　　　　　B. 企业法律责任

C. 企业经济责任 　　　　　　　　D. 企业道德责任

2. 环境伦理是（　　）与环境发展的融合，研究人与环境在相互作用过程中所包含的伦理观念与行为。

A. 计算机科学　　　　　　　　　　B. 伦理学

C. 法学　　　　　　　　　　　　　D. 哲学

3. 根据卡罗尔企业责任金字塔模型，企业责任从下往上共包括四个方面，其中（　　）和（　　）是基础，（　　）和（　　）是最终目的。

A. 经济责任　　　　　　　　　　B. 法律责任

C. 伦理责任　　　　　　　　　　D. 慈善责任

4. 把维护地球生态系统的完整、稳定与多样化视为判断人的行为的道德价值的重要标准之一的是（　　）环境伦理观。

A. 人类中心论　　　　　　　　　　B. 动物解放权利论

C. 生物中心论　　　　　　　　　　D. 生态中心论

二、多项选择题

1. 卡罗尔企业责任金字塔模型指出，企业责任从下往上共包括四个方面内容，分别是（　　）。

A. 经济责任　　　　　　　　　　B. 法律责任

C. 伦理责任　　　　　　　　　　D. 慈善责任

2. 企业社会责任的构建包括（　　）。

A. 改进企业经营理念，主动承担社会责任

B. 加快立法、执法力度，创造企业承担社会责任的外部条件

C. 改进政府对企业的绩效评价体系，纳入社会责任考评指标

D. 加强对企业承担社会责任的舆论宣传，营造推进企业社会责任的社会氛围

3. 低碳经济的核心是（　　）。

A. 能源技术和减排技术创新　　　　B. 产业结构和制度创新

C. 人类生存发展观念的根本性转变　　D. 绿色 GDP

4. 企业在经营中遇到的伦理问题包括（　　）。

A. 贿赂　　　　　　　　　　　　B. 胁迫

C. 欺骗　　　　　　　　　　　　D. 偷窃

E. 不公平歧视

5. 商业伦理评价的一般标准包括（　　）。

A. 不自私、不侵占别人利益

B. 有利于别人

C. 舍弃自己的利益成全别人

D. 超越直接的人际关系，为社会利益服务

6. 商业伦理评价的具体标准包括（　　）。

A. 不自私、不侵占别人利益　　　　　　B. 实现既定经济效益

C. 实现公开、公正、平等　　　　　　　D. 讲究诚信，关注社会发展

7. 循环经济的原则是（　　）。

A. 减量化原则　　　　　　　　　　　　B. 经济效益原则

C. 再使用原则　　　　　　　　　　　　D. 再循环原则

三、简答题

1. 什么是企业社会责任，它包含哪些内容？

2. 我国企业承担社会责任的现状如何，为什么会这样？

3. 环境伦理的含义是什么，有什么重要性？

4. 我国企业商业伦理的表现怎样？

5. 循环经济的原则是什么？

6. 怎样理解循环经济发展模式的特点？

四、案例分析题

爱立信：承担社会责任让企业变得更强大

"爱立信反应计划"（Ericsson Response），是 2000 年 8 月爱立信公司与联合国携手发起的全球性行动计划。每当有灾难发生，爱立信就调动设在世界各地的办事处协同联合国开发计划署（UNDP）、人道事务协调办公室（OCHA）、国际红十字会（IFRC）及红新月联合会（RCS）等组织，制订灾难防范计划。利用爱立信覆盖全球的网络和通信能力快速部署通信解决方案。对每一种灾难的特殊通信要求提供支持和响应，旨在帮助提升全球灾难救援的质量、速度和效率。

迄今为止，爱立信已向中国公益事业累计捐赠超过 13 亿元人民币，所支持的范围涵盖抢险救灾、环境保护、科技进步、教育体育及社会发展等多个方面。爱立信总裁兼首席执行官思文凯（Carl-Henric Svanberg）提出："爱立信的企业理念始终是'科技需服务于大众'，并且坚持技术应具备对社会和经济的推动力，能够改善所有人的生活质量，推进所有国家与地区的发展。一个企业的经济表现和企业承担的社会责任之间是没有任何冲突的。一个企业承担社会责任可以使其在市场上有更好的表现，吸引更多的客户和更好的员工，这对于投资者和股东来说都更具有吸引力。所以我觉得对于企业来说，承担社会责任并不是说一定要这么做，而是说这么做可以让一个企业变得更加强大。"

思文凯进而对中国企业提出建议,要让企业社会责任的价值得到社会普遍的认同,不仅仅是少数人知道,而是需要更多的人去推动它的发展。[6]

请思考:

1. 爱立信为什么要建立"爱立信反应计划"?

2. 怎样理解承担社会责任可以让企业变得更强大?

3. 我国企业从爱立信的公益事业当中可以学到哪些经营理念?

〔6〕 夏襄蓉.商务周刊.2005 年第 24 期

第四章　厂商的道德责任

　　※ 了解厂商道德责任的特点

　　※ 理解厂商的内部责任及外部责任

　　※ 掌握产品召回制度的含义

　　※ 掌握道德责任的含义

　　※ 掌握化解产品风险的方法

章首案例

案例描述：

　　2009 年 8 月 24 日，丰田在华两家合资企业——广汽丰田、一汽丰田宣布，由于零部件出现缺陷，召回部分凯美瑞、雅力士、威驰及卡罗拉轿车，涉及车辆总计 688 314 辆，同时承诺将对召回范围内的车辆免费更换电动车窗主控开关缺陷零部件，以消除安全隐患。

　　此次召回的车辆包括了丰田在中国市场的所有主力车型。同时也是我国 2004 年实施汽车召回制度以来，数量最大的一次召回。

　　据资料显示，自 2004 年 7 月至 2009 年 8 月，丰田在中国共有 24 次召回，涉及车辆近 120 万辆。而同期丰田在中国市场售出的汽车也不过 130 多万辆，也就是说，丰田在中国平均每卖出 10 辆汽车，就有 9 辆存在隐患需要召回。如此频繁地大批量召回，显著体现出丰田质量的巨大潜在风险，严重威胁着使用其产品的顾客的生命安全，连丰田自己也承认质量有问题。丰田社长丰田章男提出"质量比数量更重要"，丰田宣布放弃夺取全球 15％市场份额的目标，从而退出全球销量第一的争夺战。

案例评析：

　　在中国，召回产品一般会得到社会各界包括消费者的赞赏，但在 2002 年 5 月，日本丰田汽车公司决定召回全球 200 万辆存在点火器隐患的汽车，其中并不包括中国市场。其主要原因是中国当时并没有制定汽车召回的有关法律。因此，要让产品召回制度运转起来，必须依托法律制度，加强对厂商道德体系的构建，强调厂商的道德责任。

第一节　厂商道德责任

一、厂商的含义

在西方经济学中，生产者亦称厂商或企业，指能做出统一生产决定的单个经济单位。

具体有个人企业、合伙企业、公司制企业三种形式。市场经济下的厂商，它聚集资本的逻辑是以赢利为目的，在竞争中追求利润的最大化，同时，它也是由资本、劳动力等要素构成的组织单位，它的经营行为会对利益相关者产生很大影响。

企业的发展也带来环境的污染与破坏等社会伦理道德问题。这样一来，就使许多人意识到，企业"支配"社会的这种强者地位是建立在牺牲消费者、普通劳动者以及其他社会群体的利益基础之上的。这不仅扭曲了市场关系，腐蚀败坏社会风气，而且破坏了厂商与利益相关者之间的关系，显然有失社会公平。因此，必须对厂商的这种随意行为进行约束。同时也要求厂商必须加以自律，协调好与利益相关者之间的关系，承担起道德责任，追求厂商目标和社会和谐的双赢。

二、道德责任的含义

根据责任所产生的依据可将其分为两大类，一是法律责任，一是道德责任。其中，法律责任又包括刑事责任、民事责任和行政责任，它产生的依据是法律法规和部门的规章制度。道德责任产生的依据是社会道德规范。法律责任和道德责任的区别实际上和法律与道德的区别并无二致。需要强调指出的是，法律责任当然应该具备法律的强制性和规范性，即不管行为人意愿如何，都必须以法律为准则，无条件地履行。而道德责任则是自律性的，是出于行为人良知的举动，例如，自愿引咎辞职行为所承担的并不是法律责任，而是道德责任。由此我们归纳出：所谓道德责任，是指人们对自己行为的过失及其不良后果在道义上应承担的责任。在社会生活中，人们对自己的行为具有一定选择自由，因此，必须承担相应的道德责任。肯定人的行为的道德责任是进行道德评价的前提。道德责任是人们在一定的社会关系中所应该选择的道德行为和对社会或他人所承担的道德义务。

厂商道德责任，是指厂商所应承担的保护或提高其利益相关者的利益或福利的责任。它是厂商对其自身行为的要求和规范。其中，利益相关者是指对厂商产生影响或受到影响的团体和个人，如股东、员工、消费者、业务伙伴、债权人、社区公众、社会等。作为社会的企业公民，厂商不能随心所欲地从事经营活动，而应全面考虑自身的决策与行为可能对环境、公众及公共利益造成的影响，避免不利的影响，保证自身的商业行为不会损害利益相关者的利益，满足利益相关者的利益与要求。

三、厂商道德责任的特点

(一) 社会性

厂商道德责任并非自古就有，它是随着人类社会的发展而逐渐出现的。20 世纪 60 年代和 70 年代的西方社会，生态问题、污染问题、有毒废弃物问题等不断恶化，抨击厂商缺乏社会良知和不择手段危害社会的市民运动，尤其是消费者运动高涨，并引起了科研机构、媒体对厂商经营活动中伦理问题的关注，厂商道德责任问题自此出现，并日益受到社会各界的广泛关注。

(二) 阶级性

道德作为意识形态，本身就属于上层建筑。从唯物史观的角度来看，道德根源于一定的物质生活条件。恩格斯指出："一切以往的道德论归根到底都是当时的社会经济状况的产物。而社会直到现在还是在阶级对立中运动的，所以道德始终是阶级的道德。"基于不同的物质生活条件的不同社会集团，有着不同的道德观，在阶级社会中的道德具有阶级性。因此，厂商的道德责任也具有阶级性，在不同的社会制度下，厂商的价值观和伦理观不同，其道德责任自然也不同。

(三) 非强制性

厂商道德责任是基于厂商的道德观和企业的伦理观，它最大的特点是自觉性，是行为人出于高度的道德责任感，基于对相关利益者权益的充分尊重而自觉为之的，而非出于强制性约束。正因如此，公害、缺陷商品、工伤事故的受害者以及法律界认为，仅仅依靠厂商自觉的道德观和企业伦理观是不够的，他们要求把道德自律变成法律强制，把厂商在社会生活中应负担的最低限度的道德责任作为法律责任确立下来，强制企业负担。在我国，劳动法学界主张把公司道德责任纳入劳动法制的轨道。

(四) 扩展性

厂商道德责任不是一成不变的，在经济发展的不同阶段，公众和厂商的道德认知不同，对厂商道德责任的要求也不同。随着社会的发展和进步，厂商的道德责任范畴在不断扩展。

四、厂商的道德责任体系

利益相关者是厂商道德责任所指向的对象。根据各利益相关者与企业的关系，可将其分为内部利益相关者和外部利益相关者两部分。因此，厂商的道德责任可以分为对内道德责任和对外道德责任两种。

(一) 厂商的内部道德责任

股东及员工是企业重要的利益相关者，若厂商不能尽到对股东及员工的道德责任，就难以得到他们的支持和配合，企业的经营活动也难以持续下去。所以，厂商应重视企业的股东和员工，对他们负责，切实承担其所应承担的道德责任。

1. 对股东的道德责任

厂商对股东以及其他资本提供者，应负有诚实而有效地管理企业，按其边际收益得到应得的报酬的责任，在短期收益和长期收益关系的冲突中，厂商更应注重长期收益，注重长期经营。厂商应向股东提供必要的信息，特别是企业的经营状况和财务状况，要公开化，以便股东对企业发展的方向做出判断和进行决策。

2. 对员工的道德责任

员工是企业中最宝贵的资源。一个企业的长期发展关键是要靠发挥员工的积极性和创造性，而员工积极性和创造性的发挥，又需要企业与劳动提供者和谐的伦理关系。这就要求厂商在员工就业安全、就业机会均等、反对歧视、薪酬公平、员工职业发展等方面尽到其道德责任。

(1) 员工的就业安全。员工的就业安全是指企业要确保员工工作的场所的安全，为员工提供舒适安全的工作环境，同时，还要对员工进行劳动安全卫生教育，防止劳动过程中安全事故的发生，减少职业危害。如果发生了生产安全事故，要以人为本，及时补救并不断总结，尽量杜绝此类事件的再次发生。

(2) 员工的社会保障。企业必须落实好缴纳养老保险、失业保险、医疗保险等有关保障福利措施，尽量减轻和免除员工的后顾之忧。企业应尊重员工的隐私权。如果企业终止经营，应该与当地其他经济实体进行合作，以减少失业造成的影响，并尽力为失业人员寻找和提供再受技术培训和再就业的机会。

(3) 员工的工作强度。企业不得要求员工在受雇时交纳"押金"或寄存身份证件，员工一周工作不能超过国家规定的最高时限，工资不得低于行业最低标准，企业应为员工提供安全健康的工作条件。

(二) 厂商的外部道德责任

1. 对债权人的道德责任

厂商应保障其债权人的合法权益不受侵害，按时还本付息，鼓励其债权人了解公司情况，对公司治理提出意见和建议。厂商应向其债权人提供必要的信息，以便其对公司的经营状况和财务状况做出判断和进行决策。厂商对于债权人的意见和建议应高度重视，认真研究解决，并将结果及时向对方反馈。厂商应承诺对在商业活动中了解到的其债权人的商业机密不得透露给第三方。

2. 对业务伙伴的道德责任

企业应公平地对待业务伙伴，在企业行为中奉行独立自主、平等交易、诚实守信的原则。企业应制定明确的反对走捷径、过分地降低成本、操纵招标以及寻求不公平利益等做法的制度。厂商与业务伙伴之间的关系不应该是建立在行贿受贿和腐败的基础上。厂商在市场交易过程中应保持善意、诚实、恪守信用，反对任何欺诈性的交易行为。

3. 对消费者的道德责任

企业要做到以消费者为目的，充分满足消费者的需要，不断创新，提高服务水平，为消费者创造长期价值，维护消费者的最大利益，平衡好消费者利益、社会利益和企业利益三者的利益关系。

（1）消费者的知情权。厂商与消费者之间通过交易，形成一种买卖契约关系。厂商应该保证其向消费者提供的产品必须与厂商明确表达的关于产品的说明相符，从而使消费者正确地理解并有意识地购买该产品。

（2）消费者的自主购买权。厂商提供给消费者的产品必须是根据销售说明能够用于其目的的东西。厂商应尽到"说明的义务"。厂商对于消费者对产品的理解负有道德责任，他们必须向消费者说明其所购之物是什么，它的基本功能和作用，向消费者说明任何有可能影响其购买行为的关于产品的事实，纠正任何可能出现的误解。不能夸大其辞、错误引导，保证使消费者了解到商品的真实、准确、全面的信息，否则就是变相剥夺消费者自由购买的权利。

（3）消费者的安全使用权和监督权。厂商应当听取消费者对所提供商品或者服务的意见，接受消费者的监督。同时，厂商也要保证所提供的商品或者服务符合保障人身、财产安全的要求。对可能危及消费者人身、财产安全的商品或服务，应当向消费者做出真实的说明和明确的警示，并说明正确使用商品或者接受服务的方法以及防止危害发生的方法。如果消费者因使用本公司商品或接受本公司服务受到人身、财产损害的，公司应给予合理的赔偿。

4. 对竞争者的道德责任

公平原则是社会公平竞争观念在法律上的体现。它要求凡是参与市场竞争的经营者都应依照同一规则行事。反对采取任何非法的或不道德的手段获取竞争优势的行为。例如，利用贿赂、回扣推销商品；不正当地获取、利用他人商业机密，以及利用自己的经济优势不正当地阻碍他人参与市场竞争的行为等。这些都是不公平竞争行为。

厂商对广大竞争者应当做到公平竞争，决不能恶意中伤竞争者及其产品，窃取商业机密或与竞争厂商串谋垄断市场，操纵市场，以及用其他各种手段来破坏公平竞争，损害公众的利益。否则，可能导致沉重的追加道德成本，甚至危及企业的生存。

5. 对社区公众的道德责任

社区公众是指在企业所在地附近居住的公众，企业的经营行为会对社区公众产生影响，而且社区公众的舆论和行为也会影响企业发展。所以，公司在保持正常经营发展，实现股东和公司利益最大化的同时，应关注社区公众的利益。首先，要确保社区公众不受安全威胁，保护社会所在的环境，更不能因为企业的存在而破坏社会的生态环境；其次，企业还要协调好与社区的关系，维护社区稳定。厂商应经常教育和组织员工参加社区的志愿者服务等社会公益活动，承担必要的社区责任，增强员工的社区责任感。

6. 对社会的道德责任

社会之所以允许并支持企业的存在，为企业提供各种基础设施和社会服务，是因为企业能够高效率地为社会提供所需要的产品和服务，使社会获益。企业与社会之间也是一种平等的契约关系，同样企业要调整好它与社会整体的关系，遵循不侵害社会利益的原则，善待社会，服务社会。企业应勇于担当对整个社会的道德责任。首先是对环境保护的责任，主要包括维护环境质量，使用清洁能源，保护生态环境，共同应对气候变化等等。其次，还要对社会发展做出广义的贡献，这广义主要指对社会和经济福利的贡献，比如传播国际标准，向贫困地区提供必需的产品和服务，如水、能源、医药、教育和信息技术等，这些贡献在某些行业可能成为企业的核心战略的一部分，成为企业社会投资、慈善或者社会服务行动的一部分。

近年来，企业伦理问题已得到广泛重视，企业界回馈社会，从事公益捐献，参与社会公益的行为，承担社会道德责任逐渐蔚然成风。厂商若无视社会利益，那么他一定会受到社会舆论的谴责，被广大消费者所唾弃，不为社会所容，从而影响到企业的生存与发展。

由于厂商道德责任的内容极其广泛，所以只能就以上主要方面进行大致介绍。

五、厂商道德责任与企业可持续发展

作为社会中的经济组织，厂商承担道德责任与否会对自身经济效益及社会效益产生影响。从短期来看，厂商逃避道德责任，例如，生产伪劣产品，会降低其当前经营成本，增加短期收益，但是，从长期来看，逃避道德责任的厂商会失去公众信任，从而丧失长期获利能力，并会导致产生较高的社会道德成本，损害利益相关者的福利。而厂商对道德责任的积极承担可以使其获得较高的道德指数，引导企业实现可持续发展。

（一）企业的经济目标与道德责任之间的关系

企业作为社会中的经济组织，其根本目的在于：一是提高经济效率，为社会提供最大的产出利润，这是企业生存和发展的基本条件；同时，只有当追求企业利润最大化并在不损害他人的权益时，它才符合经济效率原则，才是合理的。二是必须满足所有利益相关者的需要，公平地对待所有的利益相关者。企业通过确立一定的机制和规章制度来激励和约束企业的各个参与者，以协调他们的利益，满足他们的需要。各个利益相关者都应当能够从参与的企业行为中获得利益。如果其中有任何一个利益相关者不能从这样的企业行为中获得充分的利益，那么，他们或者会与其他的利益相关者之间发生严重的利益冲突，大大降低企业的经济效率，或者会因此退出企业行为，而使企业无法生存下去。因此，企业不仅要有经济目标，也要有公平对待并满足各利益相关者的需要的目标，遵循效率原则、公平原则和人本原则等伦理道德准则，确保各利益相关者的合法利益，和谐处理各利益相关者之间的相互关系，为企业提高经济效率营造更大的自由空间，促使企业的经济目标和伦理道德和谐的双重实现。实践证明，企业的经济目标和伦理道德责任目标相辅相成，只有同时并举，企业才能真正地兴旺发达。

（二）厂商担负道德责任的社会意义

厂商担负道德责任，树立良好的道德形象，既是企业发展的内在要求，也是社会对企业的企盼。树立良好的企业形象，不仅可以实现长期利润、改善环境，而且可以拥有更多的社会资源，更好地实现股东的利益。

据《财富》杂志报道，20 世纪 90 年代中期的世界 500 强企业中，95％以上的企业拥有自己的伦理道德准则，并以此来指导企业行为。与发达国家许多长盛不衰的优秀企业一样，像海尔集团、宝钢以及在 2008 年抗震救灾中表现突出的王老吉等企业，它们成功的根基在于良好的企业道德责任感。厂商承担道德责任，和谐各利益相关者的伦理道德关系，是企业发展的必然选择，合乎企业的长期战略利益，有益于企业的可持续发展。

反之，那些只贪图眼前利益，道德指数低下、以种种手段骗取或损害顾客利益、危害社会环境，把社会责任弃之一旁，把经营道德抛之脑后的企业，即使能获得一时之利，但它永远地失去了消费者的信任，进而被社会淘汰。三鹿奶粉、南京冠生园等公司轰然倒下的事实便是最好的证明。

六、我国企业与厂商道德责任

在市场经济初期，我国许多企业履行道德责任的意识不强，逃避道德责任的现象屡见不鲜。

2002 年，中国企业家调查系统公布了《2002 年中国企业经营者成长与发展专题调查报告》显示，有 5 成以上的企业经营者认为我国企业信用状况形势依然严峻。"同行企业中存在着不良行为"依次是"拖欠或压低职工工资"（43.4%）、"偷工减料"（37.8%）和"欺骗用户"（35.5%），其他还有"生产污染环境的产品"（18.9%）等。部份厂商为了某种短期利益从事着比较严重的反伦理道德行为，这直接影响了社会正常的经济秩序。

2007 年 4 月，中国企业家调查系统公布了《2007 中国企业经营者成长与发展专题调查报告》，对 4 586 位企业经营者进行了问卷调查，结果显示：企业经营者普遍认同"优秀企业家一定得具有强烈的社会责任感"，企业在创造利润的同时，也在为社会创造财富，促进国家的发展；企业经营者认识到企业履行社会责任对企业的持续发展非常重要，认为近年来企业社会责任意识在不断提高。

虽然如此，但在 2008 年下半年，"三聚氰胺丑闻"、"黄光裕事件"、"百度风波"等一系列令人猝不及防的事件，一次次冲击着人们的听觉和视觉，不仅让所谓的企业家们卷入丑闻，更让企业家的社会责任与商业道德遭遇到空前质疑。

著名管理学家德鲁克曾经指出，企业家应当承担三个责任：一是取得合理的经济效益；二是使企业具有生产性，并使员工有成就感；三是承担企业的社会影响和社会责任。企业家不能仅仅唯利是图，还要承担更多的社会责任与商业道德。

市场经济是法制经济，也是讲道德的经济。企业家遵纪守法，追求利润的过程与他们实现社会责任的过程完全是一致的，企业家只有提供更多更好的产品和劳务才能实现利润最大化。

改革开放初期，是中国政治、经济、文化和社会全面转型的时期，当时创业的企业家，绝大部分是机会主义者。发现机会之后，他们就必然要通过寻租的方式去实现。

"通俗一些讲，寻租就是搞关系。对于企业而言，最典型的寻租即通过贿赂官员为本企业得到项目、特许权或其他稀缺的经济资源。寻租有的是非法，有的是合法不合理。这往往成为腐败、社会不公和社会动乱之源。"中国金融家与企业家国际俱乐部执行主席何世红曾这样说。

诚信是市场经济的基石，也是厂商的社会责任，更是一种商业道德。只有那些讲求职业道德、诚信待人、遵守信用的人，才有资格把经商作为一种职业，否则，迟早会被市场机制淘汰。社会给予企业资源，企业家理应具有守法经营、依法向国家纳税的道德观。

追求利润与社会责任是统一的。厂商在追求自己财富的同时，也要促进经济发展增加社会财富，带动其他人致富。厂商不仅仅要向社会提供物质财富，更要向社会提供精神财富，所以说商业道德是构成企业家精神的主要内涵。因此，一个合格的厂商应当勇于承担起历史重任，积极主动地投身到持续创新中，既增加了企业本身的竞争力，又促进了国家经济发展方式的转变，从而为社会创造更大价值。

第二节 产品安全与产品风险

厂商是通过生产、销售产品和服务来实现其经济效益目标的。他们既有在法律的范围内提供社会需要的产品和服务的自由，又从法律和道义上负有保证其产品和服务安全的责任，即不允许其产品和服务对消费者造成不可避免的、无法预见的损害。保证产品安全是厂商必须履行的道德责任。但是，由于多方面因素的影响，厂商所提供的产品可能会潜在地或现实地造成对消费者的伤害，于是，便由此引发了产品安全和产品风险问题。

一、产品安全

所谓产品安全，是指产品在使用的过程中，不仅符合保障使用者身体健康，而且要保障使用者人身、财产安全的要求。由此可见，产品安全就其内涵来说主要包含两个方面的内容：

（1）人的生命健康不受损害，即是通常所说的人身安全，是消费者最重要的权利；

（2）人的财产安全，即不会因为使用产品而给自己带来其他损失。因此，产品的生产者在生产及销售的过程中，要通过一系列具体工作的实施，来增加产品的安全性。

（一）产品安全认证

产品国际安全认证，指的是各国政府按照本国认可的标准、规范和法令，委托第三方检验机构来验证产品是否合格，授权在合格产品上加贴认证标志并批准在该国进行销售的权利。

如果厂商所生产出来的产品有规定的国家标准、行业标准，这一类产品就适合于产品认证；如厂商生产的产品没有适用于产品认证的标准，这一类产品更适合于质量体系认证。我国法律、行政法规或联合规章（国家技术监督局与有关部门联合发布的）规定，实行强制认证管理的产品，如电器产品、儿童玩具、汽车安全带、摩托车驾驶员头盗、某些建筑材料等，都必须取得产品认证的资格。因此，获得多国产品安全认证是产品升级、提高企业实力、在竞争中求发展的最佳途径之一，也是产品打开国际市场的必经之路。

1、国内测试

厂商要使自己的产品打开国际市场，通过国际上的一系列安全认证，首先要对通过认证把握不大的试验产品，可采用国内委托试验的方法，在我国质检机构进行测试，如果不合格就马上整改，直至合格为止。然后，再向国外认证机构送检。这样，就可以有效地避免重复送样、重复缴费，浪费时间和费用的问题。

2、根据各国不同的安全标准改进产品

当今，很多国家标准制定、认证和政府法令、法规情况错综复杂，涉及技术问题很多。例如，国际上电器产品的安全标准主要有两大体系，一个是欧洲的 IEC 标准，一个是以北美为主的 UL 标准，两者有明显的差异。又例如，在我国 CCEE 认证中，温控器安全认证标准 GB14536.1—1998 要求耐久性试验采用过载试验，而德国 VDE 认证中，安全标准 EN：60730−1：1995 要求耐久性试验采用过压试验。因此，要使自己的产品符合在其他国家的安全要求，就必须根据各国不同的标准来改进自己的产品，这样才能使自己的产品能在国外达到相应的安全标准。

（二）产品召回

所谓产品召回（Recall），是指生产商将已经送到批发商、零售商或最终用户手

上的产品回收的行为。产品召回最典型原因是由于所售出的产品被发现存在缺陷。

产品召回制度和一般的"三包"产品退换货是两个概念。"三包"产品退换货是针对个体消费者，仅仅只是存在于个体身上的个别现象，不具有普遍性，而且也不能说明产品本身有任何质量问题；而产品召回制度则是针对厂家原因造成的批量性问题而出现的处理办法。其中，对于质量缺陷的认定和厂家责任的认定是最关键的核心。

1、召回制度产生的原因

召回制度是针对已经流入市场的缺陷产品而建立的。所谓缺陷产品，是指因产品设计上的失误或生产线上某环节上出现的错误而产生的，大批量危及消费者人身、财产安全或危害环境的产品。

由于缺陷产品往往具有批量性的特点，因此，当这些产品投放到市场后，如不加以干预，其潜在的危害是巨大的，有可能对消费者的生命、财产安全或环境造成损害。例如，燃气灶存在缺陷可能会引发火灾，玩具过于坚硬或锋利可能会危害儿童身体，而轰动国内的"丰田凯美瑞"事件，即日本丰田汽车凯美瑞因刹车制动设计上的问题，致使车辆在正常行驶中制动突然失效的安全质量事故，更让人看到了产品如果存在缺陷，可能带来的巨大安全隐患。如果不及时采取措施，就会延误在社会上消除隐患的时机，使危害进一步扩大。因此，有必要制定相关法律和行政规定，监督缺陷产品的生产者，使之对其生产和消费的缺陷产品进行收回、改造等等，并采取措施消除产品设计、制造、销售等环节上的缺陷，以维护消费者权益。

2、召回制度的发展

美国是世界上最早实施产品召回的国家，始于 1966 年。当时，美国汽车行业根据《国家交通与机动车安全法》，明确规定汽车制造商有义务召回缺陷汽车。1972年，美国颁布《消费品安全法案》，授权美国消费品安全委员会对有缺陷的产品实施召回，标志着缺陷产品召回制度的正式确立。此后，美国陆续在多项产品安全和公众健康的立法中引入了缺陷产品召回制度，召回范围也扩展到包括几乎所有可能对消费者造成伤害的产品。缺陷产品召回制度已经成为美国产品质量管理和政府进行经济调控的常用手段。目前，美国已建立起一套较为成熟的产品召回制度。

在我国，现行的消费者权益保护制度主要是《中华人民共和国产品质量法》、《消费者权益保护法》，民法中的民事赔偿制度和 1988 年通过行政手段实行的产品"三包"制度。2004 年 10 月 1 日，我国首例产品召回规定——《缺陷汽车产品召回管理规定》开始实施，到今天，众多企业每年都要从市场和消费者手中召回大量的各种各样存在缺陷的产品。产品召回制度有利于保障消费者的合法利益。

（三）产品安全设计

为了使产品具有安全性，产品制造商在产品的设计过程中必然会涉及各式各样的技术与应用。有些产品可以是很简单的，对使用者造成的可能性风险很低，但有些则是既复杂又危险。首先，企业要收集大量的原始资料及数据，经整理及分析后，提炼出产品安全及性能相关的安全概念。它包括：首先，产品必须具备的性能，方可免于潜在不能接受的风险；其次，产品在预期的寿命期内，产品必须持续运作，或安全地失效；最后，产品的设计还要符合用户端对使用与选购安全产品的效益与风险期望，要提升产品的安全品质。制造商在设计或重新设计安全产品时，是否清楚了解并设法满足使用者的期望极其重要。他们须确保解决安全问题、关键性能和关键产品寿命的方案及风险控制方法等，均能符合用户端风险与效益的期望。

当产品已经在实际用户端的手中时，风险便不再只有理论的存在了，潜在风险及危害可能都会成真。这时，制造商应建立一套积极主动的系统，以收集公司不同的利害关系人对产品的意见，包括用户/操作人员、生产人员、安装人员及维修人员等。

二、产品风险

（一）产品风险的含义

在对产品风险的概念做出界定之前，我们有必要了解风险的含义。所谓风险，是指可能带来损失的不确定性。因此，风险具有两个基本特征：不确定性与造成损失的可能性。不确定性是指人们对未来事项结果所持的怀疑态度；其次，风险是一种客观存在，它既可能导致损失又可能导致收益，而采取措施的结果只会带来收益而不会带来损失。我们因此再总结出产品风险的含义：所谓产品风险，是指产品在市场上处于不适销对路时的状态。如产品设计、功能等不能满足消费者需求，产品定位错误、产品进入市场选择时机错误等。

（二）产品风险的来源

1. 产品缺陷

产品缺陷是导致产品风险的一个主要因素。如果产品的危险性超过了购买产品的具有一般社会常识的普通消费者的认识能力，则产品就存在缺陷。不合理的危险是产品缺陷的内涵。

我国《产品质量法》第四十六条规定：本法所称的缺陷是指产品存在危及人身、

他人财产安全的不合理的危险；产品在保障人体健康、人身和财产安全方面的标准不符合国家标准、行业标准。从理论上看，我国法律在认为存在缺陷时规定的是双重标准，即不合理危险标准和强制性标准，且以不符合强制性标准为优先适用。这样的规定导致当产品符合国家标准、行业标准但仍对消费者造成损害时，消费者却无法获得损害赔偿，从而减弱了厂商的产品责任，不利于消费者利益的保护。

多数美国法学著作将产品缺陷分成三种，即制造缺陷、设计缺陷、警告缺陷。我国产品责任法并没有明确分类，但散见于法条中。在我国产品质量缺陷纠纷中，尤以制造缺陷和警告缺陷常见。设计缺陷，是指由于不适当设计、产品分析、试验而形成的产品缺陷。制造缺陷，是指由于产品装配不当或不符合标准造成的产品缺陷。警告缺陷，是指生产者或销售者，没有提供真实完整、符合要求的产品使用说明和警示说明。我国《产品质量法》第二十七条第一款规定：使用不当，容易造成产品本身损坏或者可能危及人身、财产安全的产品，应当有警示标志或者中文指示说明。《消费者权益保护法》第十八条第一款对此亦有规定：警告缺陷是指对与产品有关的危险或产品的正确使用没有给予适当警告或指示，致使产品存在不合理的不安全性，如果没有或缺乏恰当的警告和指示，消费者对上述危险及正确使用、避免危险的方法一无所知或没有足够了解，危险就是不合理。有些产品本身并没有缺陷，但如果使用不当也会有危险，因此，生产者或销售者应当向消费者明确告诫，如没有明确说明，则存在警告缺陷。消费者一旦发生危险，销售者、生产者就应承担赔偿责任。应注意区分产品瑕疵与产品缺陷的区别。产品瑕疵仅指产品不符合法定或约定标难，它一般不会造成不合理的危险。如一台电脑，若规格型号不符合规定，或屏幕晃动、或经常死机，属"产品质量不合格"，即"瑕疵"，买主可请求厂商更换、修理、退货或赔偿损失。但是，如果电脑内部电路短路引起爆炸造成人身、财产损害，即属于有"缺陷"，受害人可依产品责任法要求制造者或销售者承担责任。

2. 消费者不当使用

任何产品都有它适用的环境、方法和用途。如果产品本身没有缺陷，即指产品设计、生产均无问题，厂商也对产品的安全使用提供了充分的提示和警告，但也可能会因为消费者的不当使用而产生风险。例如，因消费者疏忽大意或无知，可能会使他在不适当的环境下、用不当的方法将产品用于不当的用途，并造成损失。在此情形下，厂商本身并无过错，过错一方是消费者。

(三) 如何化解产品风险

要化解产品风险，首先要分清产品风险的来源，才能做到把产品风险减小到最低程度，有效地保护消费者的利益。

若产品风险来源于产品缺陷，厂商则有责任去弥补此缺陷。产品在出厂前，由于受当时生产条件和技术水平的限制，厂商难以发现产品存在的设计缺陷、制造缺陷。当产品进入流通领域后，厂商若发现产品存在着缺陷，则应及时给予改进，弥补缺陷，以免潜在风险发生。对于可能会造成较大危害的产品设计缺陷，企业应将产品召回。召回产品表面上看会给厂商带来巨大的经济损失，实际上可以使厂商避免陷入被遭受缺陷产品损害的消费者诉讼的危险，同时，也可以为厂商营造良好的声誉。

如果产品本身没有缺陷，产品风险来源于消费者的错误使用，虽然厂商对此种风险造成的损失可以免除承担责任，但可以从人道主义的角度出发，加强对产品正确使用方法和注意事项的宣传和说明，以引导消费者合理使用产品，避免因错误使用而造成的损害。

总之，无论是从法律的角度还是从道义的角度，厂商都有责任和义务去化解由各种原因导致的潜在产品风险，为消费者营造一个安全的消费环境，保障消费者的利益。

第三节　产品责任

消费者不仅希望他们所购买的产品能够带给他们所期望的满足，而且更希望产品是安全的，要求产品在使用过程中不会产生对其人身或财产的损害。这是消费者的基本权利。但是因产品缺陷带来风险，给消费者造成人身或财产损害的现象却时有发生。遭受到危害的消费者有权要求厂商赔偿其损失。厂商不仅要对其产品负责，而且要对因产品缺陷而对消费者造成的人身伤害或财产损失承担赔偿责任，这种责任便是产品责任，又称之为产品侵权责任。

一、产品责任的含义

产品责任，是指与产品有关的生产者、销售者等各方对产品因存在缺陷而在被正常使用过程中发生意外并造成用户或他人人身伤害和财产损失，依法应承担的行政责任、民事责任和刑事责任。如修理、更换、退货、赔偿损失等。它属于《产品质量法》所规定的范围。

产品责任的构成要件有三个：一是产品存在缺陷，我国《民法通则》第一百二十二条称之为"产品质量不合格"。司法实践中也一直使用这一概念，直到1992年产品质量法制定时采用了通用的概念，即产品存在缺陷。"产品"，按《产品质量法》第二条第二款的规定，是指经过加工、制作，用于销售的产品。二是须有人身、财产损害的事实。产品责任中的损害事实指人身损害，包括致人死亡和致人伤残，需要注意的是财产损害，不是指缺陷产品本身的损失，即购买该产品支付的价金的损失，而是缺陷产品以外的其他财产的损失，其范围包括直接损失和间接损失。精神损害，主要是指因缺陷产品致人损害，给受害人所造成的精神痛苦和感情创伤。确认产品责任的因果关系，须由受害人承担举证责任，证明损害是由于使用或消费有缺陷的产品所致，受害人首先要证明缺陷产品曾被使用或消费过。三是要证明使用或消费缺陷产品是损害发生的原因。在证明中，对于高科技产品侵害原因不易证明者，可有条件地适用推定因果关系理论，即受害人证明使用或消费某产品后发生某种损害，是这种缺陷产品通常可以造成这种损害，可以推定因果关系成立，转由生产者、销售者举证证明因果关系不成立。

以上是构成产品责任三个必须具备的条件，若其中任何一个条件不具备，则产品责任就不成立。

二、产品责任的归责原则

目前，对于产品责任，国外实行的法律制度有两种。

一种是以美国为代表的实行绝对责任制。绝对责任制又称严格责任制。根据这种制度，一个人即使尽力做到适当注意以避免伤害他人，也要承担法律责任。换言之，一个人虽然没有明显的过错，但他对无辜的受害者仍需负赔偿责任。例如，一位餐厅服务员在冰柜里拿了一瓶啤酒，这瓶啤酒爆炸了，炸伤了服务员的手，很显然，啤酒瓶不可能每一个不合格，但美国的法院审理中认为，即使不能认定过错责任，啤酒厂也是应该赔偿的。这样的规定在各国均有，它有利于保护消费者与公众的权益。

另一种是以西欧、日本为代表的实行疏忽责任制。疏忽责任制认为："凡公众准则认为应当顾及而未顾及，认为应当谨慎而未谨慎，认为应当预见而未预见的或未能做到一个通常的人在同样环境中会做的事，他就负有疏忽责任，就应该承担赔偿责任。"但受害者要指控他方负有疏忽责任，还要承担举证之责。要证明产品的设计或制造中有缺陷；该缺陷必须保持原状直到受害人受害之时；受害人对该缺陷必须是未知的，即经过简单的检查未能发现的；受害人对产品的使用与该产品的用途一致。对受害人来说，疏忽责任比绝对责任较为有利，但要证明产品在制造或设计中的缺陷，仍然十分困难。

很显然，从保护消费者的角度及加强厂商道德的角度而言，产品责任的发展趋势是实行绝对责任制。这种责任制度是与一般的民事侵权责任有所不同的，是特殊的民事侵权责任。

　　按照《产品质量法》的规定，只要因产品存在缺陷造成他人人身、财产损害的，除了法定可以免责的事由外，不论缺陷产品的生产者主观上是否存在过错，都应当承担赔偿责任。我国《产品质量法》关于产品责任的规定，与国际上关于产品责任的立法趋势相一致，从责任的分配上看，也是公平的。生产者因生产、出售商品而赢利，也应当承担因其产品可能存在的缺陷给他人造成损害的风险责任。这也有利于促使产品的生产者在产品的设计、生产过程中，更加小心谨慎，防止产品出现缺陷给使用者造成损害，有利于更好地保护消费者的利益。

　　而在一般的民事侵权责任中，受害人要求赔偿的，应当对责任人的过错承担举证责任，即《民事诉讼法》所规定的，当事人对自己提出的主张，有责任提供证据。而由于产品责任实行无过错责任原则，因此，受害人要求生产者赔偿时，无需证明生产者是否有过错。而是由生产者依照《产品质量法》的有关规定，对其生产的产品是否具有《产品质量法》规定的免责事由、自己是否具备法定的免责条件，承担举证责任。即实行"举证责任倒置"的原则。因为随着科学技术的发展，产品的技术性能和制造工艺越来越复杂，要求处于产品生产过程之外、并不具备各种产品专业知识的消费者对生产者的过错承担举证责任，难以做到，也不公平。

三、产品责任的赔偿范围及免责条款

（一）产品责任的赔偿范围

　　产品缺陷给受害者造成人身损害、财产损害或精神损害的事实，受害人有权要求责任主体给予人身损害赔偿、财产损失赔偿和精神损害赔偿。

　　我国《产品质量法》第四十四条规定，产品存在缺陷造成受害人人身伤害的，侵害人应当赔偿医疗费、治疗期间的护理费、因误工减少的收入等费用；造成残疾的，还应当支付残疾者生活自助费、生活补助费、残疾赔偿金以及由其扶养的人所必需的生活费等费用；造成受害人死亡的，并应当支付丧葬费、死亡赔偿金以及由死者生前扶养的人所必需的生活费等费用。因产品存在缺陷造成受害人财产损失的，侵害人应当恢复原状或者折价赔偿。受害人因此遭受其他重大损失的，侵害人应当赔偿损失。《产品质量法》相比《民法通则》，增加了残疾赔偿金、死亡赔偿金的规定。对上述新增加两项赔偿是否即属精神损害赔偿，该法未予以明确。

　　最高人民法院发布的《关于确定民事侵权精神损害赔偿责任若干问题的解释》，

肯定自然人的生命权、健康权、身体权遭受非法侵害的，可以请求赔偿精神损害。此精神损害，在致人死亡的情形，称为"死亡赔偿金"；在致人残疾的情形，称为"残疾赔偿金"；其他损害情形，称为"精神抚慰金"。据此解释，《产品质量法》第四十三条所规定的残疾赔偿金和死亡赔偿金，性质应为精神损害赔偿。

在我国《产品质量法》中没有明确规定惩罚性赔偿，但《消费者权益保护法》第四十九条却规定，经营者提供商品或服务有欺诈行为的，应当按照消费者的要求增加赔偿其受到的损失，增加赔偿的金额为消费者购买商品的价款或接受服务的费用的一倍，开创了我国惩罚性赔偿制度的立法先河，有力地保护了消费者的合法权益。

（二）产品责任的免责条款

产品责任的免责条件与其他侵权责任的免责条件不同，具有特殊性。依照我国《产品质量法》第四十条和第四十六条及其他相关法规之规定，符合下列条件者方可以免除生产者和销售者的责任：

1. 未将产品投入流通的领域

制造者生产某种产品，但未将该产品投入流通，即使该产品存在缺陷，并且致人损害，也不承担产品侵权责任。投入流通，就是使产品投入流通领域，包括任何形式的出售、租赁以及抵押、质押、出典等。

2. 生产者将产品投放市场时，引起损害的缺陷尚不存在

是指生产者将自己生产的合格产品投入市场时，产品没有质量缺陷，其后来产生的质量缺陷是生产者以外的人造成的，责任在生产者以外的人而不在生产者，生产者因此而免赔也是理所当然的。

3. 将产品投入流通时，科技水平尚不能发现缺陷的存在

按这一免责条件，如果将产品投入流通时的科技水平不能发现缺陷的存在，即使后因科技水平发展了，能够认识到这一缺陷，制造者也不承担已经投入流通的产品致人损害的责任。

4. 消费者明知产品有缺陷而购买、使用的

但使用这一免责条款需具备以下四个条件：

（1）产品本身虽未达到有关质量标准，但仍有一定的使用价值；

（2）产品经企业主管机关批准，许可销售；

（3）须在产品及包装上显著位置标出"处理品"字样；

（4）销售者明知产品是"处理品"而购买。

但是，违反国家安全、环境保护、计量等法规要求的产品，不得以"处理品"流入市场，即使主管机关同意且表明"处理品"字样，在损害发生后，产品生产者、销售者仍须承担法律责任。

5. 因为受害人的故意或重大过失造成自身损失的

损害若是由受害人的故意行为或重大过失所致，例如，产品使用者违反了产品的特定用途、目的、操作方法，不按产品使用说明和厂商提示使用、保管产品。在此情形下，厂商即使采取了更科学的预防措施也不可避免，所以厂商就可以免于赔偿。

6. 产品符合国家强制性标准

由于我国法律在认定产品存在缺陷时执行的是双重标准，即不合理危险标准和强制性标准，且以不符合强制性标准为优先适用。这就使得当产品符合国家标准、行业标准但仍存在缺陷，并对消费者造成损害时，厂商可以免责。

四、产品责任险

（一）产品责任险的含义

产品责任险是一种民事损害赔偿责任保险，它承保被保险人因生产、销售的产品在保险期限内发生事故，造成使用、消费或操作该产品或商品的人或其他任何人的人身伤害或财产损失而由被保险人依法应承担的经济赔偿责任。产品（商品）的制造厂商、进出口商、批发商、零售商或修理厂商等都有可能对产品事故负有赔偿责任。因此，凡具有保险利益的人，均可投保产品责任保险，既可以单独投保，也可以联合投保，国际贸易往来产品，一般都要投保产品责任保险。

（二）产品责任险的特点

首先，产品责任险的标的是无形的，该险种的保险标的是被保险人的法律责任，为无形标的；其次，产品责任险所采取的是"索赔发生制"，即只要被保险人在保险期限内向保险公司提出索赔，如果属于保险事故，保险公司就要承担赔偿责任。出险以后，保险公司对索赔处理具有绝对控制权，独立处理理赔；它与公众责任险不一样，产品责任险的事故须发生在被保险人制造或销售场所以外，且产品所有权已转移至用户或销售者。

（三）产品责任险的责任范围

产品责任保险的保险责任一般包括以下两项：

（1）被保险人生产、销售、分配或修理的产品发生事故，致使用户、消费者或其他任何人遭受到人身伤害或财产损失，依法应由被保险人承担的损害赔偿责任。此赔偿责任应具备以下条件：

①产品事故必须是在保险有效期内发生；

②产品的所有权已转移至用户；

③事故必须具有"意外"和"偶然"的性质；

④赔偿金最高不能超过保单中规定的赔偿限额；

（2）被保险人为产品事故所支付的诉讼、抗辩费用及其他经保险人事先同意支付的合理费用。对于餐厅、旅馆等自制、自用的食品、饮料等，一般均作为公众责任保险的附加内容扩展承保，但如果被保险人要求作为产品责任保险的附加责任投保，保险人也可在产品责任险下扩展承保。

本章小结

厂商伦理包括：厂商所应承担的保护或提高其利益相关者的利益或福利的责任，即是厂商的道德责任。厂商的道德责任具有社会性、阶级性、非强制性、扩展性四大特点。因此，要构建厂商的道德责任体系，不仅仅是针对内部员工和股东的责任体系，还包括针对外部合作者、消费者的道德责任体系。只有这样，才能保持企业的可持续发展。

厂商是通过生产、销售产品和服务来实现其经济效益目标，因此，保证产品安全是厂商必须履行的道德责任。但由于多方面因素的影响，厂商所提供的产品可能会潜在地或现实地造成对消费者的伤害，于是便由此引发了产品安全和产品风险问题。做到产品的相对安全，一方面要对产品进行国际认证；另一方面厂商要召回不合格的产品，以此来化解产品风险。

如果消费者在正常使用过程中发生意外并造成损失，产品生产者、销售者就应该根据产品责任的赔偿范围及免责条款，承担所应该承担的产品责任。

同步练习

一、单项选择题

1. 以下（　　）不属于产品的法律责任。

A. 刑事责任　　　　B. 民事责任　　　　C. 道德责任　　　　D. 行政责任

2. 对企业拥有所有权的利益相关者是指（　　　）。

A. 在公司取得薪俸的所有员工

B. 所有持有公司股票者

C. 企业外部的债权人、消费者、经销商和供应商等

D. 各种与企业有关的国家和地区一级行政管理机关等特殊群体

3. （　　　）是商品流通销售业商业道德的要求，也是重要的商业道德规范。

A. 耐心周到　　　　　B. 利益最大化　　　　C. 诚实守信　　　　　D. 互惠互利

4. （　　　）是商品交换的基本原则，也是商品销售业商业道德的重要规范。

A. 利他为主　　　　　B. 短斤少两　　　　　C. 以我为主　　　　　D. 买卖公平

5. 要从根本上消除卖者对买者的欺诈行为，必须强化（　　　），建立良好的商业信誉，增强自我约束力。

A. 商业道德建设　　　　　　　　　　B. 法律法规建设

C. 精神文明建设　　　　　　　　　　D. 欺诈打击力度

二、多项选择题

1. 以下哪项产品存在的安全风险，厂家应该承担责任（　　　）。

A. 产品设计存在缺陷

B. 产品在生产过程中存在问题

C. 消费者使用不当

D. 消费者在厂商的安全提示下使用产品而产生风险

2. 以下哪些项目可以免除生产者和销售者的责任（　　　）。

A. 制造者生产某种产品，但未将该产品投入流通

B. 生产者将自己生产的合格产品投入市场时，产品没有质量缺陷，其后来产生的质量缺陷是生产者以外的人造成的

C. 将产品投入流通时的科技水平不能发现缺陷的存在，后因科技水平发展了，认识到这一缺陷

D. 产品及包装上显著标出"处理品"字样，消费者明知产品有缺陷而购买、使用

3. 产品质量法的主要原则有（　　　）。

A. 有限范围原则

B. 统一立法、区别管理原则

C. 奖优罚劣原则

D. 统一立法、统一管理原则

4. 产品存在不合理危险的原因，主要有（　　　）。

A. 因产品设计上的原因导致不合理危险

B. 因产品选材上的原因导致不合理危险

C. 制造上的原因产生的不合理危险

D. 因告知上的原因产生的不合理危险

5. 被保险人生产、销售、分配或修理的产品发生事故，致使用户、消费者或其他任何人的人身伤害或财产损失，依法应由被保险人承担的损害赔偿责任。此赔偿责任应具备以下条件：（　　）。

A. 产品事故必须是在保险有效期内发生

B. 产品的所有权已转移至用户

C. 事故必须具有"意外"和"偶然"的性质

D. 赔偿金最高不能超过保单中规定的赔偿限额

三、简答题

1. 厂商对员工的道德责任包括哪些内容？

2. 如何化解产品缺陷？

3. 什么是产品召回制度？

四、案例分析题

（一）

北京的一名消费者在北京的一医院接受了心脏起搏器的安装手术，术后发现心脏起搏器的导管存在裂痕，但无证据表明该情况对该名消费者的人身造成了伤害。经查，心脏起搏器的导管是医院从一美国制造商处购买的，消费者即对该美国制造商提起有关产品质量的诉讼，要求美国制造商赔偿由于其产品缺陷给消费者造成的精神损害，要求其支付十多万元的赔偿。

请思考：此事制造商和销售商是否必须承担责任，为什么？

（二）

2006 年 4 月，赣州大酒店与赣州能源有限公司签订了一份协议，约定：2006 年 5 月 30 号前，由能源公司为大酒店提供并安装两台热水器，大酒店于热水器安装完毕交付使用时支付能源公司 6.5 万元。同年 4 月 15 号，能源公司与热水器生产厂家签订了一份购买两台热水器的购买合同，约定总价格为 3.5 万元，于 4 月 20 号前交货。能源公司收货后将这两台热水器为大酒店安装完毕并交付使用。但不到一个月，热水器出现质量问题，不能产生热水。经交涉，两台热水器退回热水器生产厂家，生产厂家将 3.5 万元货款退回大酒店。随后，大酒店以产品责任提起诉讼，要求能源有限公司与热水器生产厂家赔偿其 3 万元损失。案件审理中，对能源公司与热水器生产厂家的责任性质有两种意见：第一种认为，虽然生产厂家退回了货款，但还有 3 万元损失，且该损失是因热水器存在的质量问题所致，所以构成产品责任之诉和违约责任之诉的竞合，酒店可以选择其一进行诉讼。第二种认为，热水器只是存在质量瑕疵，不存在产品缺陷，且导致的损害并不是产品以外的人身、财产损害，不构成产品责任，应是违约责任。

请思考：本案中热水器是否存在《产品质量法》中所规定的产品缺陷问题，是否应该负有赔偿责任？

第五章 商品流通中的商业伦理

学习目标

※ 了解商业企业与其利益相关者之间的基本关系

※ 理解流通过程中商业企业与其利益相关者之间所产生的伦理问题

※ 掌握商业企业与其利益相关者之间合理的伦理规范

章首案例

"天价药"再现 "带金"销售为哪般?

案例描述:

2010年5月,中央电视台《每周质量报告》揭露高药价下的利益链条:一种名为"芦笋片"的乳腺癌辅助治疗药物出厂价15.5元,经由多个环节转手,最终由湘雅二医院销售到患者手中之时,价格已升至213元,溢价1 300%。这一事件一经曝光,顿时激起千层浪,引起了社会的广泛关注。"天价药"问题再次被推向了风口浪尖。

案例分析:

"带金"(药品购销领域各种回扣的俗称)销售这种目前在中国药品购销领域比较流行的营销模式,是在我国医疗管理体制不健全的情况下,从药品企业的医药代表对医疗单位的跟踪服务异化过来的,它已经违背了设立医药代表的初衷。"带金"销售已成为我国医药行业的一种痼疾,严重地侵蚀着我国社会主义市场经济的肌体。如何消除医药购销中违背社会公共准则的"带金"现象,是当前我国营销伦理文化建设中迫切需要解决的问题。

商业部门是实现商品从生产领域到消费领域转移的重要职能部门,商业企业则是商品流通过程中的组织者,承担着商品流通过程中商品的购进、销售、运输和贮存的任务。因此,在商品流通环节中,商业企业自然与该环节中的参与者:商品生产厂商、商品消费者以及其他的商业企业之间存在着千丝万缕的联系。在这其中,各种伦理关系也就成为了商业伦理的重要组成部分。

第一节　商业企业与生产厂商之间的伦理

一、商业企业和生产厂商之间的关系

商业企业，主要是指直接以货币媒介商品交易为专门职能的营利性经济组织。与生产厂商主要是借助机器和机器体系对原材料进行加工，生产出符合社会生产和人民生活需要的产品所不同的是，商业企业则主要是通过对商品的购进和销售以及因此而必需的运输和储存业务，完成商品由生产领域到消费领域转移的过程，满足消费者的需要。商品的购进、运输、储存、销售是流通过程中的四个基本环节。它们在流通过程中各自处于不同的地位，起着不同的作用。合理组织商品流通的四个基本环节，是实现流通的基本要求，是提高流通经济效益的重要途径，也是商业企业的基本职能。

但是，这并不意味着两者完全不相干：商业企业对所经营的商品有时还是会进行浅度加工。与此同时，商业企业的存在与生产厂商也是分不开的：一个商业企业如果缺少生产厂商，就缺少了产品，它是无法经营的。如果一个商业企业拥有多家生产厂商且各个生产厂商比较分散，其中一个或若干个生产厂商的变动可能对企业的生产经营所产生的影响不大。但是，如果商业企业比较依赖于某一个生产厂商，那么，这个生产厂商对于商业企业的生存就会至关重要。商业企业为了维持与生产厂商的关系，也要发生一些支出，用以直接沟通或进行广告宣传等。企业虽然发生了支出，但生产厂商并没有直接获得财务上的收入，不过他们由此获得企业发展状况信息，为他们自己的决策提供了重要的依据，从而为他们未来经济利益的获得奠定了基础。

一般而言，与商业企业合作的生产厂商不止一家，因此，商业企业在处理与这些厂商的关系时，不是以平等的姿态与之打交道，常常是居高临下。商业企业作为购买者，往往会因处于买方地位而以不平等的态度对待商品生产者，如故意提高供货产品质量标准，贬低对方商品质量，甚至在市场发生变化时故意违约，尤其是在市场供大于求的状况下，表现得更为突出：有的商业企业提高商品入场费用；有的在价格上给生产厂商施加压力……这些情况造成了商业企业与商品生产厂商之间关系紧张。

对商业企业而言，其经营离不开利益相关者的参与，商品的供求关系是商业企业组织商品流通的基础，只有商品生产者和商业企业在生产经营中都能取得合理的利润，互惠互利，商业企业与商品生产者的合作关系才能维持下去。

二、商业企业与厂商之间的伦理问题

（一）商业企业与生产厂商之间相互拖欠债务的问题

在商品货币经济条件下，发展正常的商业信用，使债务关系得以高效运转和循环进行，可以减少大量的货币资金投入，有益于国民经济的健康发展。但是，一旦债务关系形成低效运转和循环状态，就像处于陷阱之中一样，很难摆脱。目前商业企业与生产厂商之间存在大量的债务相互拖欠现象，究其原因，主要有：

1. 劣等企业的存在和发展，是债务拖欠生成的基础

在现实经济生活中，劣等生产厂商的自有生产经营流动资金一般都很少，且大多是银行严管和压缩贷款的对象，难以取得银行追加贷款。他们为生存和发展，只能依靠拖欠贷款。这些生产厂商大多生产滞销产品，为维持生产运转，通常采取赊销、代销等方式。这样，产出价值的货币资金没法回笼，要继续进行生产，只能依赖于拖欠商业企业的购货款来支撑。

2. 盲目发生债务关系，带动了企业债务拖欠的生成

一是在实际经济生活中，不少生产厂家的销售人员在推销产品时，无视商业企业的信用好坏，盲目签订购销合同，盲目将货发给对方，结果是"肉包子打狗——有去无回"；二是两者在签订合同时程序不规范，特别是一些口头协议较多，一旦发生业务纠纷无章可循，使得待决账款久悬难决；三是有些商业企业在采购材料或商品时，因货源紧而无视生产厂商信用好坏，匆匆忙忙给生产厂商预付巨款，结果被诈骗的现象屡见不鲜。

3. 商业信用蜕化，引起企业债务拖欠的扩张

一是因生产厂商生产经营不景气，资金周转失灵，而采取违约的办法拖欠货款；二是生产厂商经营良好，但由于货款被人拖欠，又不能及时得到银行贷款支持，产生了债务关系的连锁反应，因而拖欠货款；三是有些企业，不论是商业企业还是生产厂商把拖欠货款作为扭亏增盈、提高效益的一条捷径，因而，人为地造成了能欠则欠，前清后欠，越清越多的不良局面。

（二）回扣

根据我国《反不正当竞争法》的有关规定，现行法律意义上的回扣是指："在商品或劳务交易过程中，一方为促成交易，在账外暗中给予对方单位或个人钱物或其他物质性的利益，贿赂对方单位或经办人，以达到成交目的的不正当竞争行为。"由此可见，回扣是发生在买卖双方之间，形成在双方成交之时，关键在价款的返还。

那么，回扣和商业贿赂之间又有什么区别和联系呢？是否所有的回扣都构成商业贿赂？是否所有的商业贿赂都属于回扣？

所谓回扣其实包括两种：一种是"账外暗中"的回扣，即经营者销售商品时在账外暗中以现金、实物或者其他方式退给对方单位或者个人的一定比例的商品价款；另一种是"账内明示"的回扣，即回扣记入正规财务账，并且有据可查，在发票、合同中进行明确的表示。两种回扣方式中，账外暗中是法律所禁止的行为，而账内明示是法律所允许的方式。其中，只有账外暗中的回扣才构成商业贿赂，属于不正当竞争的违法、犯罪行为。针对第三个问题，回扣仅是商业贿赂的一种表现方式。由于很多人片面理解相关法律的规定，时常能听到商业贿赂就等同于回扣的声音，这种观点需要加以更正。的确，商业贿赂较为典型的客观表现形式是账外暗中给予或收受"回扣"，但这不过只是商业贿赂的一种形式。商业贿赂还包括其他类型的贿赂方式，如直接送以财物、其他利益来购买或销售商品；如买方为购得紧俏商品而给予卖方的金钱、财物等等。如果在审计实践中，或其他行政执法、司法裁判中只针对回扣来查处商业贿赂，这将遗漏很多商业贿赂案件。

从现实生活来看，在今天市场经济背景下，回扣现象比较普遍，而且回扣率根据商品及目的而不同，有的高达 50% 以上。回扣确实成了社会的一个热点。对于生产厂商而言，为了达到销售产品给相应的商业企业的目的，采取这种回扣的方式有违公平竞争的伦理；而对于这些商业企业的经办人员而言，也在这一过程中涉及不少伦理问题：回扣能不能收？收了以后如何处理？会不会因为收了回扣而购进质量较次的产品，使企业、消费者受到损失等等，这一系列的伦理问题直接关系到企业的经济效益、消费者的切身利益和整个社会风气。

尽管目前企业界人士对回扣问题本身有着意见分歧，但仍然没有一个较好的解决办法。日本一些企业采取的措施是：商品生产者不直接向商业企业具体采购人员支付回扣，而是在价格上给予优惠，向买方单位让利。但是这样可能不利于调动采购人员的积极性，因此，另外一个办法就是，相关商业企业对此问题做出相应的明确规定，采购人员在收受回扣之后必须上交，否则以贪污论处。而企业在收到员工上缴的回扣之后，可考虑提取一部分作为对其的奖励。

三、商业企业与厂商之间的伦理规范

（一）信任与合作

生产厂商为商业企业进行商业活动提供所需要的产品和服务，是商业企业在商业交易中重要的利益相关者。因此，保持经营活动中的相互信任，不仅能够促进相互合作，而且能够提高交易的效率。一个产品质量好、效益稳定的商业企业，一般都有长期稳定的生产厂商，这是商业企业稳定发展的基础和前提。如何与生产厂商保持长期稳定的合作关系是至关重要的。而诚实守信是建立稳定的、有助于双方共同发展良好合作关系的前提，也是双方共同遵守的道德要求。

竞争如一把"双刃剑"。从好的方面来说，竞争推动了企业的成长与发展，推动社会的进步；从坏的方面来说，恶性过度的竞争使企业消耗较大，最终使得企业的经济效益滑坡，不利于企业的发展壮大。因此，竞争必须有序，没有秩序的竞争会使任何一个竞争者都不能达到自己的目的。遵守秩序是个体对集体的承认、尊重，也是一种合作的态度、合作的精神。正如前面所提到的，许多商业企业在处理与生产厂商的关系时常常占据强势地位，采取一种不平等的态度，对生产厂商施加各种压力。事实上，任何一个企业都不可能做到不与其他企业合作。如果任何企业希望自己的愿望成为现实，只有通过将自己的需要带入别人的需求、融入社会的需求的方式才能实现。这就是市场交换中的经济合作。

（二）公平

公平是社会生活中一种普遍的道德要求，它是以每个社会成员在法律上和人格上人人平等为依据的。在市场经济中，这一道德原则也同样适用。在商业企业与生产厂家合作的过程中，坚持公平原则主要体现在：每一个企业都有基本的平等的权利，要求每个经济主体只要取得了法人资格便同其他任何法人处于同一平等地位，具有同样的义务和权利，实现生产经营者之间的自主经营，公平竞争。

无论是商品的需求方还是供应方，无论是经济实力强大的大型企业还是经济实力弱小的个体企业，任何一方都可以参与商业谈判，而不需考虑经济实力、政治压力之类的外力作用。在商业企业与生产厂商进行商品交换的过程中，不仅要求经济实力不平等的交易主体之间"经济人格"的平等，而且要求法律保障这种平等地位。如果没有法律上的平等地位的保障，市场主体之间的平等就失去了前提。

（三）自主自愿

市场经济是自主性的经济。在市场经济运作中要承认和尊重所有市场主体的意志，充分尊重和保护各类市场主体的意志自由。在商品交易活动中，商品交换主体的自主选择和为自己的企业决定自行负责的品质是基本的伦理要求。商业企业与商品供应者之间的交易是由交易双方自行决定的。尊重交易主体的自主选择的意愿，反对对商品交换主体施加任何如行政干预之类的外力强迫。在交易中，交易双方缔结什么样的契约内容，选择什么样的缔约方式，是否选择缔结契约，或选择在什么样的时间、地点缔结契约，完全出于自己的意愿。交易主体的意志自主性使得市场主体可以相互任意选择契约缔结对象。相应地，这也要求商品流通主体具备对市场风险进行独立理性分析的能力，能够在对利弊得失进行充分权衡考虑的基础上，独立做出自主的商业决定。

第二节　商业企业与消费者之间的伦理

一、商业企业与消费者的关系

在市场经济中，企业输出的产品和劳务须经过消费者认可、购买和消费之后，其价值才能实现。而对企业来说，只有当它的产品或劳务被消费者购买以后，才可能重新购买新的生产资料和支付工人工资，并开始新一轮的生产，即维持企业的简单再生产或扩大再生产。可以说，在当今社会以买方为主导的市场条件下，不是消费者依赖企业，而是企业依赖消费者。

因此，从营销的角度来看，所谓的市场就是由消费者所构成的。消费者对企业生产产品、定价、促销及销售渠道的认可不仅可以促进企业产品销售，还可以促使消费者形成对企业及其产品的良好印象和评价，提高企业的知名度和美誉度。因此，对商业企业与消费者之间的伦理研究可以从企业营销的四个要素：产品策略、定价策略、促销策略以及渠道策略展开。

二、商业企业与消费者之间的伦理问题

（一）产品策略中的伦理问题

企业与竞争对手在向市场提供核心功能相同的产品时，由于市场容量有限，为了扩大自己的市场份额，一些企业就不顾商业伦理规范，在产品竞争中出现了部分不正当的伦理问题。其主要表现为以下几个方面：产品质量低劣、产品包装欺诈、产品认证虚假和品牌冒充等。

1. 产品质量低劣、以次充好

消费者购买商品时追求货真价实，而一些商业企业为了谋取利益，不惜在经营过程中对产品的真实信息故意夸大或隐藏，从而导致购买该类产品的消费者受到极大的损失。

2. 产品包装欺诈

在产品包装方面，某些企业故意用超正常尺寸的包装来吸引消费者的眼球，通过包装物的形态给消费者造成一种错觉，认为包装着的商品与包装形成的最大体积相一致，从而使消费者在商品数量方面受骗。

产品包装欺诈行为的存在对市场经济会造成种种危害，主要表现在：破坏了市场经济条件下公平竞争机制作用的发挥；侵害了买方的合法权益；损害了市场经济条件下买卖双方诚信关系的建立。虽然一些生产厂家为了确保体积小但价值较高商品的安全，在不增加很大的包装材料成本的情况下，加大包装盒体积，增加内衬结构或海绵等缓冲材料，使之增强防冲击力度以及加强耐压力度，做到超度防备是必要的。但是，随着商品的运输完成和使用消耗，包装会逐渐失去其各种功能，多数包装将成为废弃物，将成为对环境的主要污染源。对于那些价值不高但体积较大的产品而言，这种情况将更严重。据资料显示，我国包装废弃物数量构成城市垃圾的 30％以上，像上海这样特大城市每年用于包装废弃物处理的费用就高达 10 亿多元。

因此，当今世界上一些发达国家已经通过立法，对商品包装从质量、材料、体积上加以规范和约束。国际流行的包装规定为容器内的空位不应超过容器体积的 20％，包装成本不应超过产品售价的 15％，除此外，不是因技术需要而无故夸大包装者属包装欺诈。

【案例 5-1】

"花哨月饼"涉嫌包装欺诈

中秋将至，月饼大战再起。部分商家为争夺月饼市场使出怪招：不仅搭售商品的保质日期不明确，而且还出现了行李箱大小的包装盒里面仅装几个"袖珍"月饼的现象。

月饼市场上过度包装现象相当普遍。在沈阳太原街某商场里，一个月饼礼盒边长足有 60 厘米，厚大概 20 厘米，酷似精美的行李箱。但是"行李箱"里面有六个格子，格子还都由泡沫垫着，上面更是铺了一层锦缎，而在锦缎上面又是木制独立包装盒。将这个木制包装盒打开，终于看到了手掌心大小的月饼。月饼的总体积还不到盒子的三十分之一。

案例评析：

这种花哨的月饼包装是一种对消费者的欺诈现象。包装是用于保护商品的，当包装远远超越保护的功能，变得本末倒置，便应验了"买椟还珠"的典故，并将引起消费者的反感。同时，从环保的角度讲，月饼过度包装的现象增加了城市垃圾。目前城市的生活垃圾中有 30％至 40％来自各种商品的奢华包装，这些包装物既浪费了有限的资源，也加大了城市垃圾产出量。

3. 产品认证虚假

认证是由认证机构实施的一种合格评定活动，认证的依据是技术规范、相关技术规范的强制性要求或标准，认证的结果通常是由认证机构颁发认证证书和认证标志形式来证明企业的产品、服务、管理体系符合相关要求。正因为认证有着严格的程序和技术标准，所以必须由专门的认证机构来进行。

但是在当代竞争越来越激烈的市场中，有许多商业企业在对商品进行销售的过程中，力图通过各种认证，甚至不惜找不具备认证资格机构来"认证"以取得既定的销售目标。窥视这种现象背后深层次原因，主要是由于很多人买产品主要是根据广告来确立产品选择方向，但时下的各品牌广告琳琅满目，而从广告本身的效果来考虑，各类型的广告在较短的时间内，并不可能提供更多的信息量，所以从广告和产品设计上引入简单明了的"认证"或者"产品概念"，并以此吸引更多的消费者的选择。现在很多企业的运作已经很成熟，在包装设计中除了解决设计中的基本原则外，还要着重研究消费者的心理活动。像"牙防组"之类的所谓认证组织之所以受到厂商的青睐，相信消费者并非看中其"内涵"，而是看中"牙防组认证"提供了让消费者更好记忆的"信息点"，从而让产品树立在市场上的消费优势。

事实上，无论是获准使用中消协"3·15"认证标志的"欧典地板"，还是，经全国牙防组明确认证的"佳洁士"牙膏，所谓的"中消协"、"牙防组"都未得到我国认证认可监督管理部门的批准，没有依法取得法人资格，它们都没有认证资质，却在事实上行使着产品认证的职权，并对消费者产生了巨大的误导。

【案例 5-2】

"全国牙防组"认证风波

2007 年 4 月 30 日，卫生部宣布撤销全国牙病防治指导组，同时成立口腔卫生处。18 年来身份不明的"牙防组"终于倒掉了。由牙防组事件牵出的认证行业内那些"公开的秘密"，开始在法律的裁决下被晾晒。

之前在牙膏、口香糖广告中频频露脸的"全国牙防组"，其权威性被质疑是从牙防组的办公地址开始的。据有关媒体调查称，牙防组设在北京大学口腔医院的深处，这里曾是一处学生宿舍楼，其中一个科室就是"全国牙防组"。安身于此的全国牙防组只有两个人、两张桌。

随后，这一消息引起了中国公益网主编李刚和上海律师陈江的注意，两人分别在 2005 年 7 月和 2007 年 2 月 7 日对牙防组进行起诉，认为牙防组不具有认证口腔保健品的资格。

在状告牙防组诉讼中，李刚在全国认证机构的上级管理部门——国家认证认可监督管理委员会下属的认证机构目录中发现，其中没有全国牙防组。为此，李刚率先发出声音：牙防组没有认证资格。

面对媒体的不断质疑，今年3月，全国牙防组向媒体承认："全国牙防组的认证和国家认证认可监督管理委员会批准的法定认证不是一回事，牙防组的认证也不是权威认证，如果企业这样宣传，那是夸大宣传效果。"

而目前在全国牙防组官方网站显示，牙防组已为9种产品提供了认证，其中包括宝洁公司所产的佳洁士牙膏、柳州两面针公司产的两面针牙膏。

案例评析：

当面对越来越激烈的市场竞争时，一些商业企业为了使自己的产品能在众多同类产品中脱颖而出，便采用各种各样的宣传、促销手段，其中之一便是利用消费者"服从权威"的心理，成立各种未经国家许可的认证机构以获取消费者的信任，并最终实现其经济利益。事实上，这一方式已严重违背了商业竞争中的伦理观念，终将受到相应的处罚。

（二）定价策略中的伦理问题

产品定价中的伦理问题大致可以分为两类：

一类是产品定价中的伦理问题：主要表现在定价时索价远远超过生产成本，获得暴利的同时严重损害了消费者的利益；利用打折促销的方式欺骗消费者；定价时进行价格歧视，企业将产品以不同的价格销售到不同地区、国家、商家时也会产生一些伦理问题。

另一类是价格竞争中的伦理问题：削价排挤竞争对手是商家常用的手段，低价倾销不仅损害了股东及员工的利益，并且损害其他企业的利益，同时造成社会资源的浪费；企业之间进行价格串谋，不仅使消费者失去了选择的权利，而且不利于商家经营管理，同时助长了企业的懒惰行为，诸如企业不愿再采取措施改进服务等。

【案例5-3】

美国烟草行业的"价格串谋"

在1922年至1946年间，美国烟草产业基本上为三大企业所控制：雷诺兹（RJReynolds）、美国烟草（AmericanTobacco）和利格特·梅尔斯（Ligget&Meyers）。在长达25年的时间里，三大企业生产的三种牌子的香烟（Camels, LuckyStrikes和Hesterfields）的零售价格完全相同。1928年以后，这三种香烟的批发价格也趋向一致。在整个串谋式定价时期，除了 1933 年美国烟草发起价格战而短暂地成为价格领袖之外，一直由雷诺兹公司充当价格领袖，并一次一次地通过提价把香烟价格推向较高的水平。

　　案例评析：

　　当市场需求旺盛，产业开工率很高的情况下，串谋式价格领导制是有希望维持稳定的。但是，当市场需求发生波动，生产能力放空时，串谋式垄断价格可能会受到秘密或公开削价的挑战，最后可能演变为整个产业的价格战。

（三）促销策略中的伦理问题

　　商家不仅对商品要制定一个公平合理的价格，而且要通过不同的途径和办法让消费者了解和接受，这就是商品的促销。商家在促销活动中的道德要求主要是真实健康与诚实不欺。但在实际操作过程中，存在以下一些伦理缺失现象：由于信息不对称，一些商业企业在促销时往往夸大产品的特色或性能，诱导或操纵消费者购买已滞销的廉价货；或进行事先内定的抽奖；或采用有偿新闻等不正当的公共传播手段进行宣传等。

　　促销中常用的方法是人员推销和广告。之所以推销人员在公众心目中的形象一直都很差，其原因在于一部分推销人员只考虑企业的利益，采取一些违背道德的手段，在推销过程中欺骗消费者，隐瞒商品的重要信息，误导消费者。对于广告而言，其本身并不存在是否道德的问题，但问题的关键是企业是否客观、真实、准确地向消费者传达了自己的信息，广告的表达方式、语言是否妥当……这些都涉及商业企业的伦理道德问题。

　　在现代社会生活中，人们每天面临着接踵而至的各类广告轰炸。一系列伦理问题纷纷浮出水面，其中虚假广告、性别歧视、崇洋媚外、庸俗低下、广告新闻化是其主要表现。

【案例 5-4】
几个有问题的广告实例

一、广告低俗化——"腐败休闲游"

　　近日，上海一家企业为吸引游客，竟然将"腐败休闲游"用到了旅游广告之中，并将这些用语不规范的广告登上了报纸。其实"腐败休闲游"的说法对于一些喜欢旅游的中国人来说并不陌生，意指一种较为休闲、放松的旅游方式。"腐败休闲游"这个词汇近来还成了喜爱旅游的网友在网上的口头禅。不过，当这些不规范的用语登上报纸，堂而皇之成为广告语后，便违反了《广告法》的相关规定。对此，上海工商部门立即予以了查处并叫停了该广告。

二、广告新闻化——"关键时刻，信赖'全球通'"

2003 年 2 月 22 日发生了"烟台 2·22 长岛海难事件"，4 名人员遭遇海难。在 4 名遇难者亲属尚未从丧亲之痛中摆脱出来的时候，移动公司就以这次海难事件作为背景，全力打出"关键时刻，信赖'全球通'"的商业广告，好像新闻。不知情的人还真以为这是海难发生时的真实感人的一幕，会对"全球通"肃然起敬，产生莫名的好感。

案例评析：

通过以上案例可以看出，随着经济的快速发展，企业之间的竞争不仅仅体现在产品本身，还在促销方式上做了大量文章。广告作为促销手段的一种，近年来发展迅速，如何使消费者接受广告及其所传递的信息，已成为众多企业思考的重要问题。于是，许多企业开始了一系列的广告活动的创新。但随之而来的便是虚假广告泛滥、广告的低俗化与新闻化等问题，并最终导致了企业的商业伦理观念发生异化。

（四）渠道策略中的伦理问题

企业在营销渠道的选择上也存在一些不道德现象。比如地方保护主义，即一些地方为了保护本地企业，做出一些违背经济规则的决定，拒绝外地企业进入本地市场销售产品，这严重妨碍了统一市场的形成，损害了消费者权益。

三、商业企业与消费者之间的基本伦理规范

消费者认可、购买企业提供的产品和服务，是企业全体人员、各个部门共同努力的结果。然而，在这一过程中，由于企业与消费者之间在行为目的上的差异，必然存在一定的利益与道德冲突。要解决这一问题，就需要企业在经营活动中正确处理与消费者的关系，自觉遵守商业企业与消费者之间的伦理规范。

（一）诚实守信

诚实守信指企业在经营中将诚信原则贯彻到经营活动的各个环节中，坚持诚信理念，在整个经营活动中顾及消费者利益，注重长远发展。在当今竞争日益激烈的市场条件下，诚信已成为竞争的一种重要手段。要想在市场竞争中有立足之地，拥有忠实的消费群体，企业应为消费者提供货真价实、安全可靠的产品，不制造或销售危害消费者身心健康的假冒伪劣产品，销售中不缺斤短两、以次充好，不搞虚假广告等。优质的产品、良好的服务是企业的立足之本。消费者是企业的衣食父母，企业对消费者如不以诚相待，而靠生产和销售假冒伪劣产品获取不义之财，要想长久地立足于社会

是不可能的。

（二）讲求公平

公平是社会生活中一种普遍的道德要求，它是以每个社会成员在法律上和人格上人人平等为依据的。在市场经济中，这一原则也同样适用。在与消费者交往的过程中，公平主要是指企业对待各类消费者的态度公平，即消费对象不论男女老幼，贫富尊卑，都有充分的权利享有他们应得到的服务。

（三）承担社会责任

随着社会经济的不断发展，要求企业在追求自身利益的同时，必须重视社会利益，对社会负责。企业应关注社会的发展与进步，以积极的态度承担社会责任，在大力发展社会公益事业中做出更多贡献，如保护或增进社会福利、节约使用资源、保护环境、倡导积极健康的价值观等。只有这样，企业才能在长远的发展中树立起自身的品牌，得到更多的消费者认同与支持，在激烈的市场竞争中保持旺盛生命力和持久的竞争力，从而实现企业价值，做到企业、消费者、社会的和谐统一。

（四）引导合理消费

商业企业在进行商品经营活动的过程中，必然会对消费者的消费行为产生深刻的影响，特别是在广告传播过程中，所传递的不仅仅是相关的产品信息，广告的传播内容与表现方式还能引导消费者的消费行为、消费方式和消费观念。因此，商业企业在进行产品宣传的同时还应引导消费者进行合理消费，即消费者的适度消费、科学消费、文明消费与健康消费：倡导适度消费，反对"炫耀性"消费；倡导科学消费，反对盲目消费；倡导文明消费，反对低俗消费；倡导健康消费，反对任何破坏生态环境的消费。

第三节　商业企业之间的伦理

企业要在日趋复杂的社会环境中求得生存并发展壮大，并非一件易事。他们随时面对着诸多竞争对手的挑战。所谓商业企业之间的竞争就是指市场经济中同类经济行为主体为着自身利益的考虑，以增强自己的经济实力，排斥同类经济行为主体的行为。而商业企业之间的伦理主要就是体现在其竞争伦理之中的。

根据竞争对象的不同，竞争可分为以下类型：资源竞争——企业经营需要大量资源，这里的资源不仅仅包括传统的物质资源，还包括人才、资金，能源等资源；市场竞争——从狭义上来说，企业间的市场竞争指的就是顾客竞争，特别是针对当今社会大多数处于供大于求的市场中的企业来说，争取到顾客是企业生存和发展的保证；信息竞争——信息是企业决策的重要依据，而由于信息获取和解释的困难，信息常常是稀缺和不对称的，企业间的信息竞争也愈演愈烈。

　　本节就是以商业企业间竞争的三大类别为基础，对其所产生的伦理现象及其危害做一简单描述，并提出构建商业企业之间竞争的伦理规范的设想。

一、商业企业竞争中的伦理问题

（一）资源竞争中的伦理问题

　　随着人类社会经济的不断向前发展，企业生产经营中所需要的各种资源也逐渐成为经营主体争夺的对象。

　　当前世界频频发生的科学技术异化、现代战争的威胁、技术产品的滥用，尤其是资本主义放纵人们对利益的贪婪和对物质财富的无尽追求观念的泛滥，把无度的消费、物质享乐和消遣当做人生的最大意义和幸福，它使人们改变着千年来积累下来的高尚道德和价值观念，把消费水平当做衡量人的尊卑、贵贱、荣辱的尺度。在过去的几千年内，人类已经成为地球变化的主要驱动力，由竞争所导致的全球气候系统改变，臭氧层厚度减少，地球生物化学循环改变，生物数量和分布改变及水资源质量降低……应该承认，这是人类的悲剧，也是大自然的悲剧。所以，可持续发展的理念被越来越多的人所接受，资源安全也成为日益受人关注的话题。资源伦理也逐渐被提上了人类社会的议事日程。所谓资源伦理，是指在社会发展中人类和资源的伦理关系，是处理人类与资源关系的价值判断和理性选择，也可以说是人类应如何认识、对待和处置自然资源。它反映出的是人与自然、人与人的关系。

　　与此同时，企业对于优秀人力资源的竞争也逐渐凸显出了一些伦理问题。特别是一些跨国企业公司通过遍布在世界各地的分公司推行"本土化战略"，把"抢人"的触角伸向每一个角落。如朗讯公司、微软公司和英特尔公司等，通过其在中国的分公司或研究机构，公开地、大规模地招收中国的科技精英。

（二）市场竞争中的伦理问题

1、混淆行为

　　市场混淆行为，是指不正当经营者在市场经营活动中，利用种种不实手段对自己的产品或服务做出误导性标识，使其与特定竞争对手的商品和服务相混淆，从而造成或者足以造成顾客误认误购的行为。常见的混淆行为包括仿冒他人注册商标，擅自使用知名商品所特有的或近似的名称、包装、装潢，仿冒他人的企业名称等。

2、诋毁行为

商业诋毁行为，又称商业诽谤行为，诋毁竞争对手、损害竞争对手信誉的行为，是指从事生产、经营活动的市场经营主体，为了达到其自身目的，故意捏造、散布虚假事实或引人误解的信息，损害竞争对手的商业信誉、商品声誉，使其无法参与正常市场交易活动，削弱其市场竞争能力，从而使自己在市场竞争中取得优势的行为。诋毁行为的普遍做法为故意捏造并传播虚假信息。

3、虚假宣传行为

根据我国《反不正当竞争法》第九条的规定，虚假宣传行为是指利用广告或者其他方法，对商品的质量、制作成分、性能、用途、生产者、有效期限、产地等做引人误解的虚假宣传。另第五条中规定的"经营者在商品上伪造或者冒用认证标志、名优标志等质量标志，伪造产地，对产品质量作引人误解的虚假表示"的虚假表示行为由于同样对于公众的认知具有误导作用，也可视作虚假宣传。虚假宣传的信息在实践中集中在商品信息和价格信息方面。

【案例 5-5】

李丁代言钙片

很多明星都为某钙片做过代言，但他自己腿脚都已经不利索了，还在广告片中宣传该产品的疗效，说老年人吃这种产品多么必要，吃过之后身体多好多好。如此的广告怎么能让观众们信服？大家更多的是同情片中的老艺术家，都一大把年纪了，丢了自己的名誉真是得不偿失。

案例评析：

以上案例均为名人代言产品的广告，都涉嫌虚假宣传。以广告或其他方式销售商品，是现代社会最常见的促销手段。但各类虚假广告和其他虚假宣传，或乱人视听，有害社会主义精神文明；或直接误导用户及消费者，使其做出错误的消费决策，引发了大量社会问题；或侵犯其他经营者，特别是同行业竞争对手的合法利益，造成公平竞争秩序的混乱。《广告法》、《反不正当竞争法》均将此类行为作为必须禁止的违法行为予以规范。

4、低价倾销行为

低价倾销行为，是指经营者为排挤竞争对手，故意在一定的细分市场上和一定的时期内，以低于商品成本的价格出售某种商品，以达到挤垮对手，造成自己长期独占市场目的的行为。低价倾销违背企业生存原理及价值规律，在市场竞争中往往引发价格大战、中小企业纷纷倒闭等恶性竞争事件，甚至导致全行业萎缩的严重后果。1998年，上海市场牛奶经销商为争夺市场低价倾销，造成行业亏本经营、不堪支撑就是明证。后由政府有关部门依法出面干预，才使牛奶市场竞争秩序重新走上正轨。为了防患于未然，《反不正当竞争法》及《价格法》都禁止经营者为打击竞争对手而以低于成本价销售商品。

《反不正当竞争法》第十一条规定，经营者不得以排挤竞争对手为目的，以低于成本的价格销售商品。《价格法》第十四条规定，经营者不得为排挤竞争对手或独占市场，以低于成本的价格倾销，扰乱正常的生产经营秩序，损害国家利益或者其他经营者的合法权益。如果因特殊原因而低于成本价格销售商品，则不构成低价倾销行为。对此，《反不正当竞争法》第十一条列举了四种除外情况：（1）销售鲜活商品；（2）处理有效期限即将到期的商品或者其他积压的商品；（3）季节性降价；（4）因清偿债务、转产、歇业降价销售商品。

5、限制竞争行为

限制竞争行为，是指经营者利用各种不正当手段，迫使或者诱使分销商或消费者购买其商品，从而将其他经营者排除在公平地市场竞争之外的行为。常见做法有：利用优势地位限制竞争，如某些经营者利用其依法具有的独占地位强制用户或消费者购买、对行政主管部门进行公关或者通过商业贿赂手段排挤竞争对手等。

（三）信息竞争中的伦理问题

由于企业信息竞争实践尚不完善，普遍存在着信息竞争中主体定位不清晰，在信息搜集方面往往缺乏系统和科学的研究方法。因此，许多企业在开展竞争信息分析研究的过程中，忽视对自身所处的环境、自身条件和客户需求的分析研究，而更多地把竞争对手的经营活动作为信息竞争的焦点。特别是随着自我保护意识的增强，企业越来越难通过诸如商业与技术报刊、年鉴、专利文献、会议文献、博览会、上市公司年终报告等公开渠道直接获得关于竞争对手能力和竞争策略等较可靠的情报，信息获取出现了较大的误区。特别是在一些产业积聚区里，一些企业为了竞争而完全不受道德约束，超出职业伦理道德范畴，用许多法律范围以外的手段和方式来收集分析和传播有关竞争对手的经营信息。我国"家电走廊"——顺德某知名企业的市场研究部负责人曾表示，对手的重大举动他能在几分钟之内便了如指掌……许多竞争激烈的产业使用非道德伦理手段收集竞争信息已经成为公开的秘密。大多数企业采取在竞争对手公司内的"核心部门"安插人员、通过"挖角"的方式挖走对方的关键人物连同其掌握的商业机密，聘请兼职人员套取对方商业机密等手段。更有甚者，一些企业使用讹诈或逼迫的方法获取竞争信息，通过窃听，甚至雇用了私人调查员收集垃圾，从中寻找笔记、报告和备忘录。

在现实生活中，违反道德的信息竞争收集行为不断升级，如果不加防范或保护不力，则会给企业带来巨大的损失。企业管理层不得不对每个员工得到的信息采取限制措施。但这不仅可能导致员工之间的不信任，同时也降低了他们的工作效率和创造力的充分发挥。据统计，我国侵犯商业秘密的非法和违反信息竞争道德的案件正以每年150％的速度迅速增长，违反信息道德的行为愈演愈烈，给企业带来了诸多问题。首先，通过非法方式获得竞争情报的财政支出很大，许多企业为此不惜血本，有的已到了不堪重负的程度；其次，随着相关法律法规日趋完善，不仅使信息竞争行为频繁处于法律制裁和媒体曝光之中，也把很多企业拖进无休止的诉讼之中。

二、商业企业竞争中伦理失范的危害

违反竞争伦理的竞争行为具有多方面的危害：

（一）损害了其他竞争者的正当利益

在市场经济条件下，各企业利益的实现必须经过市场竞争这一环节，所以企业之间的利益冲突更加公开化、激烈化。每一个活跃在市场上的竞争者，都是一个利益主体，也都怀有同样的目的：通过市场竞争获得利益。这就要求每个竞争者应充分尊重他人利益，把别人看做是和自己一样的竞争主体，冷静、客观、理智地对待竞争对手。然而，不少企业并没有领会竞争的真谛，认为竞争就是对抗，就是搞垮对手，不承认竞争具有双赢的结局，以致形成恶性竞争。这种非合作的"博弈"对社会整体利益的影响是消极的，不仅使竞争对手利益受到损失，也会导致自身利益的下降，结果是两败俱伤。有些企业不是把精力放在提高自己的竞争实力上，而是放在如何对付竞争对手上。有的甚至把搞垮对手作为自己的取胜之道，采用各种不正当的手段进行竞争，这些做法都是不道德的。有市场竞争必然会有优胜劣汰，但淘汰对手应该主要是竞争活动的客观结果，而不应该成为竞争者放在第一位的主观愿望。尊重他人利益，是每个参与市场竞争的利益主体必须具备的基本品质。

（二）侵害消费者的利益

由于商业企业的恶性竞争而经营的一些假冒伪劣商品不仅会使消费者的经济利益受损，有时还会危害到消费者的人身安全。

【案例 5-6】

假酒案威胁消费者健康

白酒在我国是一种古老的嗜好性饮料，消费群体十分庞大，制假容易，利润可观，生产和销售假冒伪劣白酒的违法犯罪行为屡打不绝，假酒造成众多人员伤亡的恶性事件屡屡发生。1992 年以来，在全国产生强烈反响的假酒中毒致人伤亡恶性案件已有 10 起，其共同特点是用工业酒精甚至甲醇勾兑散装和瓶装白酒，甲醇含量严重超标，最高的达几千倍。这 10 起案件分别是：云南会泽假酒案、广西柳州假酒案、贵州贵阳假酒案、四川宜宾假酒案、湖北荆门假酒案、河南上蔡假酒案、四川成都假酒案、黑龙江佳木斯假酒案、山西文水朔州假酒案以及去年 10 月发生的贵州遵义假酒案。共造成 107 人死亡、1 500 余人中毒。其中，许多人双目失明，终身残疾。随着各地政府的高度重视，打击制售假酒违法犯罪行为的力度不断加大，应该说假酒一度盛行的势头得到了有效遏制。

除了酒类产品以外，许多有毒有害的食品诸如有毒肉及其制品、有毒大米、有毒蔬菜、有毒茶叶、劣质饮料及饮用水、劣质食用油、劣质调味品等陆续被发现，造成人身伤亡的恶性事件时有发生。如江西赣南有毒猪油致人死亡案、广东等地食用含瘦肉精猪肉中毒案、长春学生食用变质豆奶中毒案等。尽管假冒伪劣食品危害安全的问题是呈恶化趋势还是呈遏制趋势有待于进一步论证，但它确实对广大人民群众的生存安全构成了直接和潜在的威胁。

案例评析：

假冒伪劣是一个全球性的问题，我国自发展社会主义市场经济以来，就一直与假冒伪劣违法犯罪行为做斗争。目前我国尚处于市场经济发展初期，市场体制还不完善，竞争机制不健全，正是假冒伪劣违法犯罪活动猖獗的时期。假冒伪劣违法犯罪行为，不仅扰乱市场秩序，而且更严重的是，它直接危及广大人民群众的身体健康与环境。因此，打假直接关系到安全与环境，是保护生命健康安全与环境的重要法制手段之一。

（三）忽略社会的根本利益和长远利益

任何市场竞争都是在一定的利益关系中进行的，总会引起利益关系和利益格局的变化。不能维持和增进社会利益的竞争行为是不具有道德价值的。损坏社会整体利益的竞争行为，更是应该坚决禁止。在竞争中，时常出现这样的情况，有些企业为了更多更快地获利，不惜采用急功近利的手法，只考虑眼前利益，其他如环境问题、生态问题、技术改造问题以及职工培训、企业今后的发展等问题均不在考虑之列。有些竞争行为，从竞争者的角度看似乎是合理的，但从全局的角度看却又是不合理的，有的甚至是直接损害社会整体利益的。诸如前面所介绍的低价倾销、限制竞争等。这些竞争行为都是不合理、不正当的。看起来行为主体是获得了一定的利益，但由于损害了整体利益和根本利益，因而从长远看，实际上也损害了行为主体的利益，这是成熟的、理性的和有远见的竞争主体所不为的。

(四) 对社会风气和社会价值取向造成严重不良影响

有些企业存在这样的误解，认为既然是市场竞争，那就只需使用市场的手段，其他一切都是多余的。而他们对市场手段的理解又是片面的，以为市场手段就是经济手段，里面不包含丝毫道德的因素。在市场竞争活动中，虽然需要加强对企业的宣传报道、进行企业形象策划与包装等，但这些活动本身往往就包含了伦理的成分，如果运用不当或用得过多过滥，则会引起消费者的反感，其结果往往不仅没有改善企业形象，反而损害了企业形象。比如某著名毛纺品牌在 2008 年除夕夜开始在全国多家电视台的黄金时段播出"十二生肖"的广告，因其单调的创意和高密度的播出，遭到许多观众反感。在长达 1 分钟的时间内，该企业试图通过强化机械记忆的形式让自己的品牌深入人心，连续重复十多遍自己的品牌。其结果是观众印象是有了，却是令人反感的印象。这种无视节日里观众的感受与忍耐力，招致群起攻之、引起口诛笔伐的形象，恐怕和企业的初衷背道而驰。

三、构建商业企业竞争的伦理规范

正是由于商业竞争中的伦理失范现象不断涌现，国家相继颁布了一系列法律法规以规范市场竞争行为。如 1993 年通过的《中华人民共和国反不正当竞争法》、1997年通过的《中华人民共和国价格法》以及 1999 年通过的《中华人民共和国招标投标法》等等。这些法律法规是市场经济健康运转的有力保障，对构建和谐的市场环境具有重要作用。但是法律监管难度大、成本高，而且法律法规一经颁布短时间内不易修改，相比之下，道德的约束作为一种自发约束，具有灵活机动、适用范围广泛等优点，因此，我们应该道德约束和法律监管并重，并倡导诸如以下的竞争伦理规范：

(一) 公平竞争

公平竞争是竞争伦理的基本原则，首先要求规则的公平，即市场要为参与竞争的不同企业提供公平的政策、条件和环境，使得这些企业能够站在相同的起跑线上；更重要的要保证结果的公平。这里结果的公平不是说相互竞争的企业获得相同的结果，而是指公平的规则要有内部效度，使得优者胜、劣者汰，体现出不同经营效果的差异。

(二) 诚信戒欺

诚信戒欺是竞争伦理的灵魂，要求企业一是要对顾客诚信戒欺，向顾客提供货真价实的产品或服务；二是要求企业对社会包括竞争对手诚信戒欺，比如依法披露有关企业的真实信息等。

（三）平等自愿

平等自愿是竞争伦理的根本原则，即企业可以平等地参与市场竞争，根据自身利益做出合理决策。平等自愿原则要求企业不能以违法或者不道德的方式干涉其他企业的经营自主权，强迫其他企业做出违背自身意志的决策和行为。

（四）竞合统一

市场经济既是优胜劣汰的竞争经济，又是互惠互利的合作经济。从竞争的角度看，不断进取的积极精神、高度的社会责任感和强烈的竞争意识是市场经济参与者必备的品质。从合作的角度看，市场经济主体之间的各种经济活动实质上是人与人之间互惠互利的合作行为。企业的"竞合关系"就是建立在相互竞争基础上的新型合作关系。面临新经济时代的国内外市场竞争挑战，企业间如果不能通过彼此协商、协调和合作，规范大家的竞争行为，联手进行市场竞争秩序的维护，就会危及一个行业或产业的利益，甚至损害国家利益。

为了适应经济全球化的新形势，赢得国内外市场竞争胜利，我们必须加强企业新型"竞合关系"的建设。在发展市场经济中，要继续提倡开展企业间的市场竞争，但同时也应明确，我们所提倡的市场竞争是健康的竞争，而健康的市场竞争就不应是无序的竞争，更不应是恶性竞争，而应向有序竞争和协作发展。大家共同协商、协调与合作，以规范彼此竞争行为，共同维护有利于大家公平发展的市场竞争秩序。

其他公认的商业道德是指在我国长期的市场活动中形成的商业惯例和行为规范，如"生意不成情意在"等，这些商业道德不仅是传统文化中的宝藏，对于今天也有很积极的现实意义。

本章小结

本章首先介绍了商品流通过程中商业企业与其利益相关者之间的各种关系，并提出了目前在商业企业的生产经营活动中所存在的伦理问题。

通过对商业企业与商品生产厂商之间所存在的伦理问题分析，得出两者之间的基本伦理规范应是信任、公平、自主自愿和合作；通过对商业企业与消费者之间所存在的伦理问题分析，得出两者之间的基本伦理规范应是诚实守信、讲求公平、承担社会责任和引导合理消费；通过对商业企业与其竞争对手之间所存在的伦理现状分析，得出两者之间的基本伦理规范应是公平竞争、诚信戒欺、平等自愿、竞合统一和遵循其他公认的商业道德。

同步练习

一、单项选择题

1、（　　）的组织者，承担着商品流通过程中的购进、销售、运输和储存的任务。

    A. 政府机构　　　　B. 商业企业　　　　C. 民间团体　　　　D. 企业工会

2、（　　）就是交易活动中的扣返，亦指在商品或劳务买卖中，由卖方从收到的价款中扣除一部分返还给买方代理人的款项，是建立经常性商业联系的一种优惠方法。

    A. 回扣　　　　　　B. 红利　　　　　　C. 利息　　　　　　D. 收益

3、（　　）是指商业企业在组织商品流通的过程中，向商品的生产部门收购商品的行为。

    A. 商品销售　　　　B. 商品流通　　　　C. 商品交换　　　　D. 商品购进

二、多项选择题

1. 商业企业与厂商之间的伦理规范包括（　　）。

    A. 信任　　　　　　B. 公平　　　　　　C. 自主自愿　　　　D. 合作

2. 市场竞争中的伦理问题主要有（　　）。

    A. 混淆　　　　　　B. 诋毁　　　　　　C. 低价倾销　　　　D. 限制竞争

3. 产品定价中的伦理问题大致可以分为（　　）。

    A. 价格竞争中的伦理问题　　　　　　B. 产品定价中的伦理问题
    C. 产品渠道选择中的伦理问题　　　　D. 产品销售中的伦理问题

三、简答题

1. 商业企业与生产厂商之间存在哪些伦理问题？

2. 商业企业在处理消费者的利益关系时应遵循哪些伦理规范？

四、案例分析题

一家颇有名气的家俬公司，最近在报章上刊登大减价广告，其中很令人注目的一项是：一个两件式组合衣柜竟以二折出售！这样的折扣自然非常吸引人。

当消费者到这家家俬公司时，确是见到有减价组合衣柜，上面还贴着写有大减价后银码的标贴，一如广告所言。同事正欲成交之际，却发现公司职员所报出的价格，并非衣柜上标贴所示的价格，而是衣柜未打折之前的价格。结果职员说："先生你看错了，打两折的是衣柜的那扇门及一只抽屉不是指整个衣柜！你看，贴著的减价标贴也是这样说的。"同事细看，确是如此，但却认为该公司有欺骗消费者之嫌。消费者不服，继续争论，却只能叹无辜被骗白跑一趟。

请思考：

1. 究竟是该公司存心骗人，还是消费者粗心大意？

2. 该案例中存在什么样的商业伦理失范问题？请运用你所学的商业企业与消费者之间的伦理规范分析该案例。

第六章 电子商务中的伦理

学习目标

※ 了解电子商务的基本概念与特点
※ 理解在电子商务活动中为什么会出现伦理问题
※ 掌握解决电子商务活动中出现的伦理问题的方法

章首案例

案例描述：

郭先生在最大的 C2C 购物平台淘宝网上买了一部诺基亚手机。在卖家的网页上清楚地写着"全新原装、正品行货、全国联保、正规发票、支持鉴定"。但是手机买了不到一个星期，就出现屏幕显示问题。当郭先生拿着发票来到诺基亚的维修点时，被告知所谓的香港百老汇的发票是假的，维修屏幕要花 650 元。

"淘宝卖家同意退货，但始终不肯承认销售假货。"郭先生说，而且双方正在为先退货还是先退款争执不休，"淘宝就只有一份调解意见，只要卖家同意退货，其他的也不再提及。"经过这样一次购物经历后，他已经不打算在网上进行大额消费了。

案例评析：

目前，以网络为平台和渠道的消费模式虽然改变了人们的生活，但一些不法卖家以低价为诱饵，异地消费为特点，利用法律缺位，设下了无数消费陷阱，让虚拟交易中的消费者难以维权。从被投诉举报的商品看，主要是手机、手机充值卡、手提电脑、数码相机等价值较高的商品。由于被举报的商家绝大多数未在工商部门注册登记，提供的联系地址也多为虚假，因此有关部门要调查这类案件也比较困难。因此，电子商务法律的健全和人们道德伦理的提高在这种新的商务领域里显得更加重要。

第一节　电子商务的概念与特点

一、电子商务的概念

从各种定义来看，众多的学者和机构对电子商务做出了多种解释。在过去的贸易中，人们总是能够很及时地运用新的工具和技术来促进贸易的发展，如古代的海上航运，拉近了国与国之间的贸易距离；印刷术的发明使得人们能够更加清晰地记录贸易活动的内容；蒸汽机的发明缩短了人们交易的周期；电话的出现使人们的贸易交流更加便捷。这些工具的使用都为买卖双方的交易开辟了一个新的舞台，改变了人们交易活动的方式。而从上个世纪 60 年代起，人们已经开始使用多种电子通信工具来完成各种贸易活动：利用电子资金转账（EFT，Electronic Funds Transfers）技术可以实现账户交易信息的电子传输，如我们的银行业可以使用电子资金转账技术在全球范围内转移顾客的资金；使用电子数据交换（EDI）技术则可以实现发出订单、寄送发票等业务。20 世纪 90 年代以来，以 Internet 为代表的网络技术取得飞速发展，现代信息技术突破了功能和地域的局限，为人类社会创造了一个全新的信息空间，对人类经济、社会、科技、文化、生活各个领域都产生了革命性的影响，电子商务作为一种新型的商务运作模式也应运而生。那么，什么是电子商务呢？电子商务是一个全新的、正在发展中的概念，有狭义和广义之分：狭义的电子商务就是指基于 Internet 的交易活动，即产品或服务的买卖，而广义上的电子商务指使用各种电子工具从事商务活动。这些工具包括从初级的电报、电话、广播、电视、传真到计算机、计算机网络，再到国家信息基础结构——信息高速公路（NII）、全球信息基础结构（GII）和 Internet 等现代系统。我们要注意的是：不能将电子商务中"商务"仅仅局限于交易而不考虑信息及其管理，这是不切实际的；也不能将"电子"无限扩大到所有电子信息技术，那也是不符合电子商务概念产生的实际，不能体现电子商务本身的特性。总之，电子商务是传统商务在 Internet 上的延伸。从宏观上讲，电子商务是计算机网络的又一次革命，是通过电子手段建立一种新的经济秩序，它不仅涉及电子技术和商业交易本身，而且涉及诸如金融、税务、教育等社会其他层面；从微观角度说，电子商务是指各种具有商业活动能力的实体（生产企业、商贸企业、金融机构、政府机构、个人消费者等）利用网络和先进的数字化传媒技术进行的各项商业贸易活动。

电子商务的业务活动与传统商务的业务活动有明显的不同。一方面，电子商务可以实现传统商务的业务活动；另一方面，传统商务中的买卖双方的业务活动是以卖方的市场预测为开端的，而电子商务可以改变传统商务中买卖双方的业务活动，使得由订单为开端的商务活动成为可能。

二、电子商务的优势和特点

商务活动是以信息交流为前提的，因此，信息交流的方式在很大程度上决定了商务模式的优劣，信息交流的特点在很大程度上决定了商务活动的特点。与传统的商务活动相比，电子商务依托网络具有显著的优势和特点。依托网络更快、更丰富、更互动、更低成本的优势，使得电子商务也具有相应的优势，商务速度更加快捷，商务联系更加广泛，商务信息更加丰富，商务流通更加充分，商务成本更加低廉。因此，电子商务具有以下特点：

（一）高效率、低成本

电子商务最基本的特征为高效性。它通过将传统的商务流程转变为数字化，为买卖双方的交易提供一种高效的服务方式、场所和机会，降低了信息处理和传输的成本，同时可以将部分有形的价值无形化，从而可以大大节省人力、物力、财力和时间，降低营销成本和交易成本。电子商务极大地突破了时间和空间的限制，扩大了商务活动的时空范围，让交易活动可以在任何时间、任何地点都能进行，从而大大提高了商务活动的效率。

（二）便利性

计算机网络具有方便、迅捷的特点，电子商务利用这些特点能使人们以非常便捷的方式完成过去那些繁琐的商务活动。企业不再需要运用大量人力实地获取市场信息，只要通过互联网就能很轻松地应对市场的千变万化；同时，企业还能通过互联网及时向市场发布各类信息，展示自己的企业文化、产品等信息；可以和客户在网络上交流，根据客户的要求修改产品方案，或者让客户直接参与产品的设计与定制；通过网络及时下电子订单，并对货物物流及时跟踪、电子转账付款等。客户能在网上直接与商家异地交流，直观了解和对比产品，方便地购买到称心的商品。

（三）协作性

商务活动是一种协调过程，它需要企业内部员工之间、企业与客户之间、企业与企业之间及各参与实体与公共商务支持部门之间的协调。在电子商务环境中，它更要求银行、配送中心、通信部门、技术服务等多个部门通力协作，才能实现全过程的电子商务，才能真正体现电子商务的优势与价值。

（四）虚拟性

电子商务是依托 Internet 开展的一种商务活动，它将整个活动中的大部分流程转移到虚拟空间，通过数字信息的传递完成商务过程。在商家与客户交易的过程中，双方完全不需要见面，所有的单据、凭证，甚至是使用的资金，都被虚拟为数字形式的符号，不但市场是虚拟的，店铺是虚拟的，而且交易的对手也是虚拟的。电子商务虚拟性的特点虽然降低了交易的成本，提高了交易的效率，但同时也降低了交易的安全系数，加大了风险。因此，对市场主体的商业信用和伦理道德水平提出了更高的要求。

（五）技术依赖性

电子商务发生在以 Internet 等高新技术为主体的信息基础设施之上，需要相关技术的有力支持。网络只是电子商务信息传递依存的一个通道，在这个通道中还需要搭建不同的应用平台才能完成电子商务过程，如电子邮件系统、网络商城系统、电子银行系统等，这些都需要与时俱进的硬件和程序支持，不断根据市场的发展要求来完善，才能保证网上交易顺利进行。

（六）动态性

电子商务交易网络没有时间和空间的限制，是一个不断更新的系统。网络上供求信息不停地更换，商品和资金不停地流动，商机不断地涌现，正是这种动态性，赋予电子商务强大的生命力。

正因为有了以上特点，我国电子商务虽然起步较晚，但发展速度并不亚于发达国家，因为这给企业带来了极大的商机。据中国电子商务研究中心 2009 年发布的《1997—2009：中国电子商务 12 年调查报告》显示，国内电子商务从 1997 年中国化工网（属网盛生意宝）第一家 B2B 电子商务网站开始到现在，先后经历了萌芽与起步期、冰冻与调整期、复苏与回暖期、崛起与高速发展期、转型与升级期。另据中国电子商务研究中心统计数据显示，截止到 2009 年 6 月，我国中等规模以上的电子商务网站总量已经达到 12 282 家；国内使用第三方电子商务平台的中小企业用户规模已经突破 1 000 万，而中国网购用户的规模已经突破了 1 亿人。电子商务服务企业直接从业人员超过 50 万人，间接带动的就业人数，已超过 600 万人。这已经完全打破了传统商务发展的形式，在各种法律规范还没有跟进的情况下，必将出现不少问题。

第二节　电子商务中的伦理问题

电子商务与传统商务相比，其优势显而易见，它改变了传统商务中信息传递的方式、物流运送方式，大大减少了交易成本，具有超越地域限制和时间上的及时性等特点，这无疑使电子商务具有良好的发展前景。对于电子商务的虚拟性特点，网络上的交易行为又常常具有匿名性，这些都使在传统商务中难以遇到的伦理问题随之发生，同时，传统商务中已经存在的伦理问题在电子商务中也愈演愈烈。电子商务中通常发生的伦理问题主要有以下几种。

一、虚假信息问题

有人形容"网络就像海水一样深"，人们在网络上发布信息不像在其他传统媒体上发布信息一样受到诸多限制，而且可以以匿名方式发布，当一般的消费者觉察到信息的错误后也无法追究信息发布者的责任。一些公司企业肆无忌惮地在网络上发布虚假产品信息，将自己的产品吹嘘得天花乱坠，吸引消费者的眼球，当消费者发现上当受骗后根本无法找到那些公司向其索赔，甚至那个公司是根本就不存在的。现在还有许多网络诈骗分子在一些合法正规的电子商务网站上租赁一个网页，在上面发布虚假信息，进行诈骗，而出租网页的公司却只负责收取租金，并没有去审查登载的内容是否属实，这就给不法分子留下诈骗的可乘之机。另外，还有一些犯罪分子用虚假身份或仿冒正规企业去建立网站或网页，再或者提交虚假的需求信息，消费者和企业对此防不胜防。这些欺骗性的商业信息充斥于互联网当中，严重影响了电子商务的正常发展，使得广大消费者和商家对电子商务深感忧虑。

二、信用炒作泛滥

商家们都希望在网络上树立自己的良好形象，而诚信便是一切商务活动的前提，也是电子商务发展的瓶颈。美国著名的 C2C（C to C，Consumer to Consumer）网站 eBay 采用了信用评价制度来约束交易双方，通过交易双方互相给对方做出信用评价来给电子商务参与者提供信用依据，交易双方可以通过查看对方的信用度来决定是否将交易继续进行下去。在我国，目前发展较好的 C2C 网站"淘宝网"、"拍拍网"等，也都采用了这种信用评价制度。但也就是这种让电子商务得以健康发展的制度使得诚信炒作之风得以滋生。商家为了提高自身在网络上的诚信度，佯装消费者提交虚假诚信信息，制造信用假象，吸引消费者；竞争双方为了争夺市场同样也可以提交虚假的信用信息对竞争对手进行诽谤、污蔑。这让许多消费者都对网络上的商家和产品心怀疑虑，不敢贸然交易。

三、网上隐私问题

由于电子商务的发展依赖于计算机技术和互联网的发展，网上隐私问题始终是人们最关注的问题。在电子商务过程中，商家为了了解产品的销售情况，往往会收集访问者的浏览习惯、产品选择倾向及个人信息，如果商务网站在未经访问者许可的情况下就将这些信息有偿或无偿公开或提供给他人，则会对访问者的隐私权构成侵犯。在各种利益的驱使下，是否能尊重访问者的隐私权已经成了一个重要的商业伦理问题，这个问题也让消费者对电子商务产生较大顾虑。

四、商业信息安全问题

在电子商务领域的商家，一般都有与其自身利益密切相关的商业秘密，网络服务提供商（ISP，Internet Service Provider）在为公司或企业提供网络服务时，在未经许可的情况下便能轻松收集到公司企业的商业信息或者网站的源程序。例如，电子邮箱是我们用来交流信息的一个重要平台，但是提供电子邮箱的服务商却能很容易获取我们的个人资料和我们的邮件内容。此外，还有人雇用网络黑客非法入侵竞争对手的商业网站，致使对方的商业信息处于不安全状态。

五、知识产权问题

免费下载电子书籍、免费下载电影和音乐，这些行为在我们的生活中已经习以为常，但你是否想过，这也许是一种对知识产权的侵犯呢？在由电子商务引起的法律问题中，知识产权的保护首当其冲。由于计算机网络上承载的是数字化形式的信息，因而在知识产权领域（专利、商标、版权和商业秘密等）中，版权保护的问题尤为突出。目前，电子商务中对知识产权的法律保护还比较滞后，而且，在知识产权保护和网络资源共享之间又存在着复杂的矛盾关系。如果单纯强调保护知识产权，必将损害网络资源共享；而如果只是强调网络资源的共享，那可能又会导致对知识产权的忽视。到目前为止，这一问题一直未能得到妥善解决。因此，在目前的电子商务活动中，侵犯知识产权的行为比在传统商务中更为猖獗，屡禁不止。

除了以上问题外还有一些不规范的细节问题存在，例如，目前网上商品价格参差不齐，主要成交类别商品价格最大相差 40％；网上商店服务的地域差异大；在线购物发票问题大；网上商店对定单回应速度参差不齐等。这些问题都影响到了消费者和商家对电子商务平台的信任程度，从而引起许多伦理纠纷。而电子商务方面的法律，对参与交易的各方面的权利和义务还没有进行明确细致的规定，因此当纠纷产生时，交易双方的权益都很难保证。

以上问题不仅仅涉及到伦理问题，还牵涉到法律问题，因此，在电子商务领域许多国家和国际性组织都制定和完善了有关电子商务的各种法律规范，这都促进和保障了电子商务的正常发展。

第三节　电子商务伦理建设

Internet 网络空间正在飞速膨胀，在为电子商务活动提供了前所未有的广阔空间与自由的同时，也让我们的伦理道德规范很难约束电子商务活动本身及活动的主体——人。人能够依据自己的利益随心所欲地在网络中活动，现实世界中的道德规范在网络活动中的监管能力明显不足，但这并不意味着电子商务的前途暗淡，相反地，说明电子商务的发展不仅是一个技术问题，而且具有深刻的伦理底蕴。发展电子商务，不仅要重视技术的作用，也应关注伦理文化的实践意义；在大力发展技术、加快网络法制建设的同时，也要加强电子商务伦理规范、价值观的构建。电子商务伦理建设是一项十分紧迫的工作，因此，在这个新的经济世界中更需要一系列新的规范和制度来约束。目前，世界各国纷纷制定了一系列相应的道德规范，这些规范涉及网络经济行为的各方面，都是对现实经济活动领域中的道德规范的补充和发展。但由于电子技术更新和发展的速度实在太快，我们的电子商务伦理道德需要不断地与时俱进，不断地完善。电子商务伦理道德建设还要从以下几个方面着手：

一、加强和完善法律法规和政策的建设

电子商务的发展是传统商务活动在新平台下的延伸，同样需要建立一个健全的电子商务法律法规体系和公正、透明、和谐的电子商务法制环境。从世界范围来看，各国在电子商务领域的立法速度之快、范围之广，是其他各领域所无法比拟的。据了解，联合国国际贸易法委员会 2001 年 3 月通过《电子签字示范法》、2005 年 11 月通过《电子合同公约》，为各国家及地区电子商务立法提供了一整套国际通行的电子商

务规则。目前，已经有 30 多个国家和地区制定了综合性电子商务法，比如新加坡《电子商务法》（1998 年）、美国《统一电子商务法》（1999 年）、加拿大《统一电子商务法》（1999 年）、韩国《电子商务基本法》（1999 年）、澳大利亚《电子交易法》（1999 年）等。可见，各国都在为完善和加强电子商务立法而努力。在我国，电子商务法制建设才刚刚起步，加快电子商务法律法规建设更是我们的当务之急。1998 年11 月 18 日，江泽民在亚太经合组织第六次领导人非正式会议上就电子商务问题发言时指出，电子商务代表着未来贸易方式的发展方向，政府应当为电子商务的发展提供良好的法律法规环境。电子商务的发展需要建立必要的法律法规，在企业和企业间、政府和企业间、企业和消费者间、政府和政府间进行电子商务时所必须明确和遵守的法律义务和责任，以增强用户对新技术的信心和信赖感。同时，电子商务是一种世界性的经济活动，它的法律框架的制定不应只局限在一国范围内，而应考虑适用于国际间的经济往来，得到国际间或协议国之间的认可和遵守。电子商务法律规范建设的基本思路是：

（1）建立纲领性、基础性的《电子商务法》，明确电子商务的相关定义、电子交易的法律效力等。目前在我国，电子商务已经逐步渗透到经济和社会的各个层面，网络化生产经营与消费方式逐渐形成。然而，电子商务在迅速发展的同时却遭遇传统法律规则和商业惯例的障碍，电子商务的又好又快发展迫切需要立法保障。为了保障和促进电子商务的科学发展，引导和规范电子商务活动，防范和减少交易风险，我国迫切需要制定统一的系统的电子商务法，其内容应包括立法宗旨、电子商务概念、基本原则、交易主体、电子合同、电子签名及认证、电子支付、信用保障、交易安全、个人信息保护、消费者权益保护、知识产权保护、电子商务税收、行业自律、争端解决机制、法律责任等内容。

（2）抓紧研究电子交易、信用管理、安全认证、在线支付、税收、市场准入、隐私权保护、信息资源管理等方面的法律法规问题，尽快提出制定相关法律法规的意见。这是因为，当各国政府、产业界和消费者冒着风险登上电子商务这个新平台时，他们期望着网络市场能够得到有力的保护，期望排除电子商务不必要的障碍。在这方面，国家法律体系和保护措施将起到相当重要的作用，有助于人们对网络市场抱有信心。

（3）推动网络仲裁、网络公证等法律服务与保障体系建设。易趣、淘宝，这些网站已经开展网络赔付活动，就是针对网上交易过程中一些正当的交易所产生的风险，它们开始要给网民的损失以一定的补偿。这样做，应该承认这是网络服务商服务意识的一种觉醒和完善。这种觉醒，这种完善，必将使网络服务商为网民交易安全提供更好的服务保障和诚信环境。

　　发展电子商务，已不再是单纯的技术问题，而是关系到国家经济生存发展的又一次严峻挑战。通过专门的统一立法，使国家在 21 世纪的市场竞争中占据有利地位，已成为世界各国政府的共识。我国传统的"先改后立"的立法思想和技术，对于高新技术的推广来说是弊大于利的。因此，电子商务立法必须具有超前性和独立性，以打消人们对电子商务交易安全的恐惧心理。

二、健全电子商务信用体系

　　信用体系，是一种对组织和个体综合信任程度的体现和考评体系。在发达国家，由于市场经济发展比较成熟，信用制度作为一种行政控制手段和信息发布形式，在社会经济生活中起到了重要的辨别作用。而在我国，信用体系建设尚属起步阶段，由于信用法律法规不健全、信用信息资源有限且公开化程度不高、企业和个人对诚信认知度低、诚信发展模式尚处于摸索阶段，信用制度目前仅仅应用于金融方面的业务之中，并没有把范围扩展至整个经济领域，两者缺乏充分而有效的整合，已经不能适应社会主义市场经济发展的需要。电子商务所具有的远程性、记录的可更改性、主体的复杂性、信用状况信息不对称甚至缺失等特征，就决定其信用问题更加突出，很容易出现在交易信息、供货、付款等方面出现诚信问题，影响用户对网上交易的信心。因此，急需建立个人和企业完善的信用体系和信用查询制度，以实现在具体化、可靠性的基础上进行"虚拟化"交易。我们应该加快信用体系建设，建立科学、合理、权威、公正的信用服务机构；严格信用监督和失信惩戒机制，逐步形成既符合我国国情又与国际接轨的信用服务体系。

三、加强电子商务主体的伦理道德教育

　　人是一切商务活动的主体，无论电子商务使用的技术何等高明，都离不开人的控制。但在电子商务自由度高的环境下，充满了投机和发财的机会，许多人以伦理价值的失范获得了意外之财，让人们觉得在电子商务环境中，为了获取利益可以不择手段并且不受限制。因此，加强电子商务伦理道德教育，提高人们的道德水平，是传统商业伦理的扩充与发展，它对于电子商务的规范化运作和健康发展起着至关重要的作用。政府有关部门、行业协会和大学的商学院等教育机构，一方面要做大量基础性的研究工作，重建符合市场经济的、积极向上的新经济状态下的商业伦理，特别是进行

电子商务伦理建设，规范人们的商务行为，以满足电子商务飞速发展的需要；另一方面，在人们进行传统商业伦理教育的同时，更应加强电子商务伦理道德教育，充分利用网络教育之自我教育、交互教育的特性，加强对电子商务主体的认知特点和心理状态的调查研究，采取在线和离线相结合的教育方法，提高人们在电子商务活动中的伦理自觉，负责任地使用信息技术，在思想意识上筑起一道抵御"失信"入侵的"防火墙"，共同构筑电子商务的诚信环境。

本章小结

商业企业在电子商务环境中与在普通社会经济活动中一样，联结着社会再生产的各个环节，其地位特殊，是商品流通过程的组织者，需要处理好方方面面的关系。这些关系表面上是物的关系，实际上是人与人之间的利益关系。这之中涉及到了诸多伦理问题。将电子网络技术运用到商务活动中的主要目的就是为了节约成本、提高效率，但不正当竞争、破坏网络环境、投机取巧的黑客技术等扰乱了正常的市场秩序，而这些在电子商务中的伦理问题很难受到外界的监督和控制，因此商务主体的道德自律和相关法律的制定在商务活动中显得更加重要。在十一届全国人民代表大会第三次会议上，温家宝总理首次在全国两会政府工作报告中明确提出大力扶持电子商务，这无疑为国内电子商务行业注入了一剂"强心剂"。

同步练习

一、单项选择题

1. 电子商务活动以（　　）为前提。

A. 产品交流　　　　　B. 远程信息交流　　　C. 面对面交流

2. 电子商务依托于（　　）。

A. Internet　　　　　B. 航空运输　　　　　C. 水路运输

3. 制约电子商务发展的主要原因是（　　）。

A. 技术支持　　　　　B. 伦理道德　　　　　C. 计算机配置

4. 由于电子商务的（　　）特点，网络上的交易行为具有匿名性。

A. 动态性　　　　　　B. 协作性　　　　　　C. 虚拟性

5. 我国最早的电子商务立法制定于（　　）年。

A. 1990　　　　　　B. 1995　　　　　　C. 1997

6. eBay 网采用了（　　）制度来约束交易双方。

A. 民主　　　　　　B. 信用评价　　　　C. 自由交易

7. 为公司或企业提供网络服务的是（　　）。

A. NII　　　　　　　B. GII　　　　　　　C. ISP

8. 电子商务活动的主体是（　　）。

A. 人　　　　　　　B. 商品　　　　　　C. 物流公司

9. （　　）是一种对组织和个体综合信任程度的体现和考评体系。

A. 信用体系　　　　B. 合作体系　　　　C. 督导体系

10. 我国第一家 B2B 电子商务网成立于（　　）年。

A. 1990　　　　　　B. 1995　　　　　　C. 1997

二、多项选择题

1. 以下属于电子商务的特点的是（　　）。

A. 高效性　　　　　B. 便利性　　　　　C. 真实性　　　　　D. 动态性

2. 电子商务法应该包含（　　）等内容。

A. 立法宗旨　　　　B. 个人信息保护　　C. 交易安全　　　　D. 法律责任

3. 电子商务的主要目的是（　　）。

A. 节约成本　　　　　　　　　　　　　B. 提高效率

C. 从漏洞中获取更大利益　　　　　　　D. 有更多商业机会

4. 电子商务中通常发生的伦理问题有（　　）等。

A. 虚假信息问题　　　　　　　　　　　B. 信用炒作问题

C. 网上隐私问题　　　　　　　　　　　D. 知识产权问题

5. 电子商务立法必须具有（　　）。

A. 独立性　　　　　B. 超前性　　　　　C. 随意性　　　　　D. 协作性

三、简答题

1. 简述电子商务的概念。

2. 简述电子商务的优势与特点。

3. 简述电子商务中的伦理障碍及对策。

四、案例分析题

面额 1.5 万元，都是废卡

广东中山市何先生不久前在浏览网页时发现，"鑫超越北京通讯有限公司"在销售超低价格的手机充值卡，1 万元面额的全部以 1.8 折销售。看到这样低的价格，他心动了：市面上最便宜的充值卡都要卖个七八折，中间的差价还可以做点小生意！

何先生也知道"天下没有免费的午餐"，网络购物的风险让他犹豫不决。但卖家承诺，何先生只要先汇款 200 元，即可全部将卡寄过去，然后再汇余款。何先生抱着试试看的态度汇去了 200 元。果然，两天后就收到了 300 张面额为 50 元的电话卡，"我一看，怎么是 1.5 万元的卡！还多给了我 5 000 元。"

卖家解释称，"多出"的 5 000 元是以 900 元的价格卖给何先生的。但是，当何先生刮开充值卡密码覆盖层进行充值时，竟发现张张卡都是空卡！

"我很生气，马上打电话问卖家为什么卡里的钱充不了值，他说是因为我没有付清尾款，开通不了。"何先生说。卖家安抚了他半天，又让他在一堆卡里挑出某个特定号码的充值卡，让他刮开充值，这次充值成功了。

将信将疑的何先生随后又汇去 800 元，但依然无法开通充值卡。"对方说，因为一些原因，端口需要网络公司进行开通，还要再汇 3 600 元。"价码一次比一次高，何先生抗拒了，只当 1 000 元打了水漂。"一开始，对方还三天两头打电话，不停地对我道歉解释，口才也很好，但目的只有一个，就是希望我继续不停地汇款。"最后看到何先生不肯汇款，对方也就终止了联系，人间蒸发。电话打不通，又不可能去北京查找，至今何先生也不知道该通过何种渠道、何种方法要回这笔钱。

请思考：

1. 请根据案例分析当前我国电子商务领域存在的问题。

2. 你觉得要使我国电子商务健康快速地发展，应有哪些措施？

3. 如果你是何先生，你会怎么办？

第七章　跨国公司的商业伦理

学习目标

※ 了解全球化时代商业伦理的要求
※ 理解跨国公司的责任
※ 掌握跨国公司应该遵守的基本伦理规范
※ 掌握考克斯圆桌商业原则的基本内容

章首案例

案例描述：

伊士曼柯达公司全球副总裁、大中华区主席叶莺女士 2004 年 4 月 9 日在上海交通大学安泰管理学院演讲时讲了这么一个故事：有一位柯达中国公司的基层主管（只管理着 2～3 人）主要从事报关交税的工作，由于柯达纳税信誉度非常好，因此海关给予柯达以绿色通道：货物入关后可不必检查，直接进入柯达的仓库，随后再行交税。一次，从巴西运来了柯达所需的 8 大卷相纸，该主管按照巴西过来的单子付了税，随后将货物运入仓库。打开装货的箱子一看，里面竟有 12 卷。这位主管当即将箱子封上，并打电话到海关，由于当时已过了下班时间，未能联系上海关。第二天一早，他即带上公司的财务人员到海关补缴了一百多万元的税款。

此事在海关引起了轰动，一位有 40 多年工作经历的海关工作人员说："这样的事情还从来没有碰到过。"当问到给予这位主管什么奖励时，叶总说："他只是做了他工作上应该做的事情，不需要为此给予奖励。"

案例评析：

为什么柯达公司明明躲过了部分税收却坚持要补上？这样做会导致利润的减少吗？在当今社会国际化的经营当中，究竟应该有一个什么样的伦理准则？在经济交融越来越深入的全球经济环境下，跨国公司发挥着重要的作用。一方面对本国的经济有着重要的影响，另一方面，与东道国的社会、文化、经济也在互相影响之中。作为在各方面都扮演着重要角色的跨国公司，不仅要关注自身的发展，更要注重自身伦理行为在全球商业过程中的重要作用，严格要求自己，努力发挥在推动全球商业伦理进程中的积极作用，不仅不会影响跨国公司的经济利益，反而会成为其长远的竞争力。

第一节　全球化时代的商业伦理

在全球化背景下，各个国家都在积极地参与工业化和国际竞争，由此也诞生了全球商业。全球商业把拥有不同文化、价值观、法律和伦理标准的国家与人民联系在一起，这就要求国际商务人员除了要熟知自己的价值观、文化和伦理标准外，还必须对其他国家的价值观、文化、伦理标准极为敏感。尤其是跨国公司，随着企业组织的合并、扩张，并且极有可能在不同的国家经营，只有从企业伦理、文化差异和文化相对论入手，才能解决跨国公司经营中所面临的种种问题，并且形成一套世界广泛认可的共同的伦理原则。

一、全球化的商业伦理要求

世贸组织（简称 WTO）是一个独立于联合国的永久性国际组织。1995 年 1 月 1 日正式开始运作，负责管理世界经济和贸易秩序，它是具有法人地位的国际组织，在调解成员争端方面具有更高的权威性。它的宗旨是：促进经济和贸易发展，以提高生活水平、保证充分就业、保障实际收入和有效需求的增长；根据可持续发展的目标合理利用世界资源、扩大商品生产和服务；达成互惠互利的协议，大幅度削减和取消关税及其他贸易壁垒，并消除国际贸易中的歧视待遇。WTO 协议的范围包括从农业到纺织品与服装，从服务业到政府采购，从原产地规则到知识产权等多项内容，核心是促进贸易自由化，并强调了以下几项基本原则：

（一）公平自由竞争原则

公平竞争是指竞争者之间所进行的公开、平等、公正的竞争。公平竞争对市场经济的发展具有重要作用。它可以调动经营者的积极性，使他们不断完善管理，向市场提供质优价廉的新产品。它可以使社会资源得到合理的配置，并最终为消费者和全社会带来福利。

在国际贸易中，一些国家为了保护本国的产业和市场，采取一些不公平的限制进口和鼓励出口的措施；一些从事贸易的企业采取假冒或低价倾销等手段，获取不正当利益。这些行为对正常的贸易活动都产生了不利影响。因此，世界贸易组织在倡导自由贸易的同时，始终注意对公平竞争的维护，并将其作为制订各项协议的主要原则。

这与 WTO 的组织宗旨密不可分。WTO 组织的直接目的，就是通过协调国家之间的贸易和经济事务的矛盾，创造全世界范围内的企业之间公平竞争的国际环境，发展商品的生产和交换，提高世界资源利用效率。只有公平的竞争才是有序的竞争，竞争才能带来发展与创新。而与公平、有序的竞争相矛盾的是垄断、违法，这些竞争状态将带来资源的浪费和技术的停滞不前。

（1）对企业而言，WTO 的自由竞争原则，就是公平竞争。市场是总在变化的，具有优势的企业一旦掌控了某一领域或区域，这种优势无论在任何情况下都会持续相当长的时间，那么，劣势企业无论如何拼命也不能期望在短时间赶上。而优势企业会利用倾销、补贴等方式转移成本，降低价格构成，造成打压竞争、摧垮国内市场的局面。这时就需要政府创造一个公平、有效、有序的政策环境，采用反倾销、反补贴等方式维持竞争的公平性。

（2）对政府而言，WTO 的自由竞争原则要求政府对贸易进行的干预必须符合法律规定。反倾销、反补贴措施的初衷和目的是为了限制倾销的使用，从而使贸易达到公平，在实践中，运用反倾销、反补贴的确可以消除价格的不公平，起到保护本国产业的效果，但是，如果反倾销、反补贴措施的实施超过了合理的范围，则会演变为一种方便的、强有力的贸易保护工具，阻碍国际贸易的发展。因此 WTO 成员国将反倾销、反补贴措施限定在合理的范围和程度内，如国际反倾销法中规定"一国产品自一国出口至另一国的出口价格低于在正常贸易过程中出口国供消费的同类产品的可比价格"才构成倾销，才能采取反倾销措施。WTO 规定的补贴内容仅仅限于它是成员国政府或公共部门提供的财政资助、成员国政府采用了收入支持或价格支持的形式，可禁止的补贴，在《补贴与反补贴措施协议》中也有相应规定。

世贸组织认为各国发展对外贸易不应采取不公正的贸易手段进行竞争，尤其是不能以倾销和补贴的方式销售本国商品。只有对政府进行约束，才能达到自由竞争原则。

【案例 7-1】

美国苹果汁反倾销案

1998 年，美国苹果汁生产商对从中国进口的浓缩苹果汁提起反倾销诉讼。他们认为：中国 1995 年到 1998 年间，浓缩苹果汁对美出口量增加了 997%，平均价格下降了 53%。2000 年 7 月 4 日，美国商务部终裁，中国应诉企业被裁定的反倾销税率平均为 14.88%、未应诉企业的税率为 51.74%。

中国食品土畜进出口商会组织 9 家应诉企业（除去一家为零关税和一家中途退出）正式针对美国商务部不公正裁决向美国联邦国际贸易法院提交上诉状，经过美国国际贸易法院和美国商务部的两次裁定，2003 年 3 月 21 日，美国国际贸易法院确认了美国商务部在 2002 年 11 月对我国山东中鲁、烟台源通等浓缩苹果汁上诉企业"零税率"的再次核算。历经几年的中国浓缩苹果汁企业应对美国反倾销案至此已是大获全胜。

中国浓缩果汁加工年产量达 20 万吨左右，出口占到 85% 以上，美国企业向美国商务部提出反倾销申请，目的就是将中国苹果汁挤出本国市场。这违背了 WTO 的自由竞争原则，对中国企业而言，这种行为就不是公平竞争行为。我国企业需要拿起法律武器维护自身的权益。而对美国商务部而言，WTO 的自由竞争原则也要求其对贸易进行的干预必须符合法律规定。在本案中，中国食品土畜进出口商会组织 9 家企业对美国商务部向美国联邦国际贸易法院提起诉讼，就是要求美国商务部依法行政，其结果是令人满意的。[1]

（二）互惠互利市场准入原则

市场准入原则是国际贸易的基本原则之一。它反映了某一特定货物或服务产品在另一市场与当地产品竞争的范围和程度。在世贸组织体系中，该概念代表了所有由某政府所设立的允许某产品在平等待遇原则下进入该国市场的条件之总和。市场准入是一个渐进的过程，其目的是给 WTO 成员国提供一个有益于鼓励贸易、投资和创造就业的环境。市场准入原则要求缔约国开放本国市场。WTO 一系列协定或协议都要求成员分阶段逐步实行贸易自由化，以此扩大市场准入水平，促进市场的合理竞争和适度保护。市场准入主要是通过以下两种形式体现：一是通过举行多边贸易谈判进行关税或非关税措施的削减，对等地向其他成员开放本国市场，以获得本国产品或服务进入其他成员国市场的机会；二是当一国或地区申请加入 WTO 时，由于新成员可以享受所有老成员过去已达成的开放市场的优惠待遇，老成员就会一致地要求新成员必须按照世贸组织现行协定与协议的规定缴纳"入门费"，开放商品或服务市场。

市场准入原则是 WTO 最重要的原则之一，其具体表现在：

首先，市场准入原则是 WTO 的基本原则。《1994 年关贸总协定》要求各成员国逐步开放市场，允许外国商品进入本国市场与本国产品竞争。其措施包括降低关税和取消对进口的数量限制，这些措施具有法律约束力，而且一成员国在未得到 WTO 允许的情况下，随意把关税重新提高到超过约束的水平以上将受到 WTO 的制裁。

〔1〕 http://news.aweB.com.cn/2004/2/15/200421581218.htm

其次，市场准入原则涉及到 WTO 的各个领域。市场准入原则与国际反垄断、国内劳动和就业、国际金融市场、国际投资环境保护等诸多领域有着密切联系。市场准入原则已成为一个应用范围广泛的概念。《服务贸易总协定》、《农业协议》、《实施卫生与植物卫生措施协定》三个 WTO 文件直接使用了市场准入原则。如《服务贸易总协定》要求各成员国逐步开放服务市场，即在非歧视原则基础上，通过分阶段谈判，逐步开放本国服务市场，以促进服务及服务提供者间的竞争，减少服务贸易及投资的扭曲，其承诺涉及商业服务、金融、电讯、分销、旅游、教育、运输、医疗与保健、建筑、环境、娱乐等服务业。《农业协议》要求各成员国将现行的对农产品贸易的数量限制进行关税化，并承诺不再使用非关税措施管理农产品贸易和逐渐降低关税水平，其本质是要求各成员国逐步开放本国市场。

再次，市场准入原则有救济手段。市场准入原则可以通过非歧视贸易原则加以实施，如出现争议，各成员国还可利用争端解决机制，解决在开放市场方面的纠纷和摩擦，积极保护自己；同时，透明度原则也有利于扩大市场准入。

（三）透明度原则

透明度原则是世贸组织的重要原则，根据该原则，世贸组织成员需公布有效实施的现行的贸易政策法规及其他有关影响贸易行为的国内立法或行政规章，如海关法规、利用外资的法规、有关服务贸易的法规及有关仲裁的制度，以使其他成员国政府和贸易经营者加以熟悉。各成员国政府之间或政府机构之间签署的影响国际贸易政策的现行协定和条约也应加以公布，同时要求各成员国应在其境内统一、公正和合理地实施各项法律、法规、行政规章、司法判决等。

透明度原则在 WTO 法律文本中得到了大量体现。在 GATT 第 10 条"贸易法规的公布和实施"中规定了有关贸易的法律应该公开、透明。GATT 第 10 条第 1 款规定"……缔约国使用的法令、条例与一般援用的司法判决及行政决定，都应迅速公布，以使各国政府及贸易商对它们熟悉。"第 10 条第 3 款规定"缔约各国应以统一、公正和合理的方式实施本条第一款所述的法令、条例、判决和决定。"随着 WTO 的成立，WTO 将透明度原则引入服务贸易、知识产权贸易当中，成为 WTO 的一项基本原则，在货物贸易、服务贸易和知识产权保护中普遍实行。其主要意图在于保持世界贸易组织各成员方政策和措施的充分透明，实现 WTO 的总体目标，保持多边贸易体制在开放、公平、无扭曲竞争的基础上健康发展。

透明度原则要求 WTO 的所有成员方政府不仅要及时公布有关调整贸易方面的政策、法律法规、行政规章等，而且要求这些法律规章文件非经正式公布，不得实施。同时规定各成员方应公正、合理、统一地实施上述相关法规、条例、判决和决定，所谓公正性和合理性，是要求各成员方应对其他成员实施非歧视原则；所谓统一性，则是指成员国在其领土范围内的各地方政府均应按照中央政府所颁布的政策法规进行实施，其制定的相关规章与上一级法律法规不应有冲突或抵触。

二、经济全球化对我国商业伦理的要求

我国现在在商业领域里已经出现了很多商业伦理精神缺失的现象。一些商业主体片面追求经济效益和利润，狭隘功利主义和实用主义思想严重；商业领域充斥着诚信危机、假冒伪劣商品、商业欺诈、不公平竞争等违反商业伦理的行为。在全球化经济的时代背景下，如果再一味忽视商业伦理的建设，必将对我国的道德建设和经济建设都造成极大的损害。因此，中国经济伦理的重建与中国社会整体上的道德整合与重建是不可分割的。只有提高全民的伦理观念，才能从根本上带来商业伦理的提升。

（一）要努力承担起社会责任

在经济全球化时代，企业要树立起良好的经营目标和价值观，要在生产经营中追求卓越，强调自律，履行道德责任，做一个伦理型企业。企业要充分认识到，企业是一个经济组织，更是一个社会组织。履行社会责任，不仅仅是共同构建起一个良好的外部环境，更是树立了良好的企业品牌形象，为企业的可持续发展奠定坚实基础。

（二）要构建诚信的商业环境

经济学告诉我们，诚信可以降低整个社会的交易成本。短期来看，也许部分不讲诚信者反而有利可图，但是，当这种错误的伦理观蔓延时，破坏的不仅仅是个人的利益，而是整个商业秩序。例如，安达信的案例，它的不诚信造成的损害已经远远超出了给自己带来的损失，而使整个注册会计师行业都受到了公众的置疑。因此，只有构建充满诚信的市场经济大环境才是有利于我们发展全球经济的基础。

（三）要汲取优秀的中国文化

"仁、义、礼、智、信"及"天人合一"的理念是儒家理论的核心，也是中华民族优秀的传统道德的集中体现。我国商业伦理在形成和发展中，要积极汲取优秀的中国文化，将儒学伦理的精华与市场经济的内在要求有机结合起来，形成既根植于中国文化土壤，又有时代特点的有中国特色的现代商业伦理观，在参与国际经济活动时体现出独有的魅力。

第二节　跨国公司的商业伦理

跨国公司（MNCS）代表的是最高级的国际商业授权组织，以注重全世界商机的全球性战略活动为特色，是在世界范围内经营，与任何国家或地区没有重大联系的企业组织。例如，你会毫不惊奇地发现一家跨国公司以墨西哥为基地，却在委内瑞拉、波多黎各和美国经营，并且产品控制大部分市场。随着国际商业交往的逐渐深入，跨国公司也逐渐发展成了一个巨大的队伍，典型的如壳牌石油公司、耐克公司等都是大家熟知的例子。然而，由于跨国公司的巨大规模和富可敌国的财力，一直以来，在许多伦理方面都遭到批评，并且对其所在国的影响也是多年来的争论焦点。

一、跨国公司伦理的一般理论

（一）功利论

功利论最有影响的代表人物是英国的杰米里·边沁（Bentham）和约翰·穆勒。迄今为止，功利论已经形成多种流派，尽管这些流派存在分歧和差异，但它们的共同点是基本一致的，都是以行为所产生的后果来判断行为的道德合理性。功利是指事物的内在价值或者内在的善，而不是外在价值或道德上的善。内在的善是指健康、快乐这类非道德意义上的内在价值。外在的善是一种手段的善。某事物是否具有外在善，是需要通过它能否获取"内在的善"的能力来证明。例如，如果获得更多的财富能使人们的生活更加幸福、快乐，我们就认为是善的。按照边沁和穆勒的观点，功利完全等于幸福和快乐，并且认为，幸福和快乐是可以衡量和比较的。边沁认为："总计所有快乐和痛苦的全部价值，然后加以比较，如果余额在快乐的方面，则表明行为总体上表现为善的倾向。反之，则表现为恶的倾向。"现在许多功利主义者倾向于把"内在的善"扩大到知识、友谊、爱情、美等方面，而不只理解为幸福和快乐。它强调的是个人利益，认为社会利益是个人利益的总和。功利主义论作为一种道德价值学说，虽然不等于利己主义，但是，由于其仍然强调个人利益的需要，而不可能是公共的福利，因此，仍是一种个人主义的道德理论。

功利理论对行为后果的看法，主要有两种典型代表，一种是利己功利主义，它是以人性自私为出发点，但他并不意味着在道德生活中因为自身利益去损害他人和集体的利益。因为他们深知，自身利益有赖于集体和社会利益的增进，一味追求自身利益而不顾他人利益，最终会损害自己的利益。另一种是以穆勒为代表的普遍功利主义，他抛弃了利己主义原则。普遍功利主义认为，行为是否符合道德取决于行为是否普遍被大多数人接受。同时认为，为了整体的最大利益，必要时个体应不惜牺牲个人利益。当代功利者大多倾向于采用普遍功利主义原则来确定行为的道德性。

（二）道义论

道义论认为，某些行为是否符合道德不是由行为决定，而是由行为本身内在特性所决定的。也就是说，判断某一行为是否具有道德性，只需要根据本身的特征便可以确定，而不一定要根据行为的"善"、"恶"后果，即符合义务原则的要求时，便是道德的。例如，企业之间签订经济合同，他们必须履行合同义务，否则经营活动便会瘫痪。

道义论还强调行为动机和行为善恶的道德价值。例如，有三个企业都进行同一工程的投资（如希望工程），甲企业为了树立企业的良好形象以便今后打开其经营之路；乙企业为了捞取政治资本；丙企业为了履行企业的社会责任。很显然，丙企业投资行为是来自尽义务的动机，因而更具有道德性。

事实上，有些跨国公司已经把诚实信用、公正公平、不偷窃、不作恶和知恩图报等品行视为一种基本的道德义务并付诸行动，而且这些义务准则已经被广泛应用于各个国家的法律、公司政策及贸易惯例等方面。

（三）相对主义论

相对主义论认为，事物对与错以及某行为恶与善的判断标准，因不同的社会文化背景而有差异。在某一个国家考虑的道德及道德标准不一定适用于其他国家，不同国家文化的差异使企业伦理教育与伦理原则很不相同。道德相对主义往往是以文化相对主义作为支撑，道德观的不同来源于各国文化之间的差异。其中包括语言、法律、宗教、政治、技术、教育、社会组织、一般价值及道德标准。

二、跨国公司的伦理问题及其约束

（一）跨国公司的伦理问题

1. 利用低价劳动力资源

跨国公司所在的生产制造国都是经济相对落后、人力资源充裕且价格低廉的国家。跨国公司大量利用该国廉价的劳动力，一方面给本国带来了失业问题，另一方面，廉价的劳动力成本使其能做到更低的销售价格，从而将其他生产同类产品的企业排除在竞争之外。在整个生产经营过程中，跨国公司让别国从事制造的工作，而其他大物流环节全部留在了本国，把定价权牢牢控制在自己手中。例如，我国东莞是一个做出口加工最密集的地区，如果一个芭比娃娃以 1 美元的价格卖到美国，那么在沃尔玛的零售价就会达到 10 美元。这中间的 9 美元差价就是由于掌握定价权而产生的。只要我们一提高价，他们就可能选择不买，而如果我们不提价又想获得利润，就只有回过头来剥削工人，降低工人的一切保障、报酬、休息等等待遇，这就是生产所在地国家制造业发展的困境。同时，低价的劳动力还有可能加剧贫国与富国的差距，使落后国家始终处在简单的、重复的、低价的生产当中，无力培养起自身工业的发展。

2. 掠夺生产所在国的自然资源

跨国公司把生产基地设在国外，就难以避免地要使用当地的自然资源。然而，非常有违商业伦理的是，很多企业将在本国不能通过排放要求或者是能耗超标、不允许生产的项目搬到了其他国家生产，大肆地掠夺当地的自然资源和生态资源。如低价获取开采矿产、木材、石油和其他自然资源的权力，再用这些资源制成产品高价卖出。在多数情况下，原料国所得的利益只占这些原料资源最终价格的一小部分，因为高附加值的环节是在这以后产生。但是我们须知道，有些自然资源是不可再生的，有些资源即使再生也要花费漫长的时间。跨国公司这种掠夺方式表面上看是合理的交易程序，实际上却是更野蛮的掠夺，剥夺的不仅仅是当地居民的财富，更是其子子孙孙的财富，并且掩盖在合理、合法的面具下。这样的直接后果就是穷国会进一步丧失其发展资本，彻底沦为富国的附属。

3. 影响甚至控制不发达国家的经济生活

跨国公司拥有庞大的规模和雄厚的财力，他们可以通过运作资金、控制资金链的运行，从而达到控制国家经济生活的目的。在某些情况下，跨过公司不但控制着落后国家的经济，更通过经济途径制约着落后国家的发展，并且进行着文化的渗透和东道国政治的干预。

4. 不公平竞争

跨国公司由于其广泛的经营项目和强有力的影响力使得他们在融资上更加容易，银行和社会资金更乐于参与跨国公司的项目并提供优惠的贷款条件、更低的利息和更长期的还款期，而这一倾向将极有可能占用大部分当地的流动资金，而留给本土企业的资本和资源所剩无几，缺乏流动资金支持的企业自然无法和跨国公司抗衡。此外，跨国公司还经常利用高科技，使得生产效率更高，提供更好的工人待遇，产品定价更低等等。相比之下，当地公司因为缺乏合格的工人和设备而无能为力，势必造成优秀工人的流失、生产效率的低下和产品单价的居高不下。因此，若没有当地的保护政策，民族企业面对跨国公司将根本没有竞争能力。另外，由于他们的经济规模，他们可以通过谈判获得更低的税率，或通过分支机构操纵转移收入，使得他们可以在任何地方只要缴纳一点税就能完成自己的责任。因此，总的来说，跨国公司因为有太多的优势和优惠，势必造成商业行为中的不公平竞争。

（二）跨国公司的商业伦理约束

1. 东道国与本国法律及相关要求

由于资本具有追逐利润的特性，因此一些跨国公司会出现规避社会责任、违背伦理道德的行为，如我国出现的哈根达斯"脏厨房"事件、卡夫饼干含转基因成分风波等。另外，少数跨国公司人员在中国仍然存在行贿、非法避税、涉嫌垄断、胁迫或欺诈交易、歧视员工、劳工标准偏低和产品安全不达标的现象[2]。通过东道国制定相应的法律法规，可以有效控制跨国公司违反商业伦理的行为。我国政府制定了大量的法律、法规、政策，对其产品质量、劳动关系、环境责任、商业贿赂、垄断、不正当竞争等行为进行规置。20 世纪 90 年代中期，跨国公司在中国也开始推行 SA8000 标准认证，企业社会与道德责任问题逐渐由沿海渗透到内地，由玩具、服装出口企业扩展到其他行业。跨国公司所在东道国的法律及政策规定使得其充分认识到追逐利润已不是最终目的，实现企业的可持续发展才是长久之策。而要实现可持续发展必须要履行企业社会责任和道德责任。但是东道国本国立法具有滞后性和被动性，在约束跨国公司商业伦理上需要其主动、积极地参与。

2. 世界永续发展委员会对跨国公司商业伦理的要求

除遵守东道国本国法律、法规、政策外，跨国公司一般参照世界永续发展委员会（TUCSV，1999）对跨国公司商业伦理的要求，规范自身的行为。世界永续发展委员会对跨国公司商业伦理一般要求在特定的法律框架、社会规范和经营环境下，跨国公司在履行其基本经济职能的同时，承诺持续遵守道德规范，为经济发展做出贡献，并且要持续改善员工及其家庭、所在社区、社会生活的品质，为社会发展尽到自己的责任。虽然世界永续发展委员会对跨国公司的商业伦理做出了各种约束，但是它毕竟不是一个官方机构，不具备法律上的强制力，因此在具体实施时效果有限。

3. 考克斯圆桌会议对跨国公司商业伦理的要求

考克斯圆桌会议在约束跨国公司商业伦理问题上显示出了强大的力量和良好的效

---

〔2〕曹凤月．企业道德责任研究论纲．中国劳动关系学院学报．2005 年第 1 期

果。瑞士的考克斯圆桌组织联合其他欧洲国家、日本和美国的商界领袖，创立了一套国际伦理规范，我们称作考克斯圆桌商业伦理原则。这些得到公认的伦理规范包括做生意时必须坚持的基本正义观和责任，逐渐成为了指导国际商业活动的基本伦理准则。

考克斯圆桌会议可以缓解日趋紧张的贸易局势，它关心所有参与该委员会的国家之间的建设性经济和社会关系的发展，也关心这些国家对世界上其他国家亟待承担的共同责任。1994 年，《考克斯圆桌商业原则》（Caux Round Table Principlesfor Business）正式出版，"考克斯圆桌（CRT）"也成为国际性非政府机构，旨在宣传其原则及其对于道德资本主义未来的追求，并推动将这些原则与企业战略和企业的日常活动相结合的实践。

由于考克斯圆桌会议由美国、欧洲和日本的商界领袖组成，这使得"考克斯圆桌商业原则"成为对全球商界，尤其对跨国公司具有相当影响力的社会责任原则，因此考克斯圆桌会议及考克斯原则成为跨国公司商业伦理的最直接的约束。国际理论界也对考克斯圆桌商业原则予以极高的评价。

在日益强调跨国公司商业伦理的今天，跨国公司遵守东道国法律、政策及国际商业惯例的情况越来越多，诺华公司就是跨国公司商业伦理约束的典型。诺华公司作为跨国公司，首先严格遵守国际及中国各项法律法规和行业规范，除承担必要的经济责任和法律责任以外，还提供就业机会、保护员工、遵守商业道德、关注环境和社区，积极承担企业的社会责任和伦理责任。诺华免费向世界卫生组织提供了治疗麻风病的药物，差不多四百多万人因为诺华提供的药品而被治愈。2006 年，诺华提供的 6 200 万份的药物累计拯救了 20 万疟疾患者，其中大部分是儿童。诺华向世界卫生组织提供的治疗肺结核的药品，还有格列卫全球患者援助项目，向 75 个国家超过 15 500 多名患者免费及时提供了格列卫治疗。2006 年诺华向国际社会捐助的药品总金额达到 7.55 亿美元，全球超过 3 300 万患者获益，并承诺贡献 2% 的销售额用于公益事业。从 1996 年至今，诺华的销售额增长了 102%，但各种污染物的排放量却下降了很多，造成工时损失的事故率下降了 75%，卤化溶剂排放下降了 60%，二氧化碳的直接排放下降了 5%。诺华承诺如果排放出了二氧化碳会从空气中回收同样多的二氧化碳。2006 年度在华 500 家跨国公司社会责任统计中，诺华公司高居榜首。[3]

正是由于诺华公司长期严格地履行社会责任和道德责任，得到了社会的高度评价

〔3〕 谢鹏．如何寻求社会责任与企业利润的平衡点．商务周刊，2007 年第 6 期

和全球各界人士的广泛认可，才能持续地保证企业在激烈的竞争环境当中始终保持长盛不衰。

第三节　考克斯圆桌商业原则

一、考克斯圆桌会议的由来

1986 年，日本经济腾飞之际，日本公司在汽车和电子消费品行业节节取胜，举世关切。Philips 公司的老总弗里德瑞克·菲利普邀请日本、欧洲和美洲的同行来面对在这两大行业中日益形成分裂的恐怖气氛。当时有一种强烈的情绪是，要把日本公司驱逐出欧洲和美洲，让欧美企业撤离日本。菲利普先生则寻求通过对话来消除这种情绪。这一努力得到了颇富声望的时任欧洲工商管理学院副总裁的奥立佛·吉恩加德·德·爱斯泰恩的支持。

在瑞士阿尔卑斯山的小镇考克斯，参加第一次圆桌会议的欧美日商界领袖达成一个共识：恐惧症不是出路，因为由此将诉诸偏见、极端情绪和种族主义，不可能成为全球商业的基础。因此，最后形成后来成为考克斯圆桌会议目的的一致看法，此后该会议每年召开。其中，日本佳能公司的总裁贺来隆三郎（Ryuzaburo Kaku）也从自身文化传统出发，倡导"共生"观念，赢得参会者的激赏，并且，"共生"和"人的尊严"一起，作为"考克斯圆桌商业原则"所尊崇的两大道德观念。

二、《考克斯圆桌商业原则》内容概述

原则一：商业责任——超越股东范围之外的股票经纪人

一个企业对社会的价值在于它所创造的财富、就业机会以及按与质量相称的合理价格向消费者提供的产品与服务。为了实现这种价值，一个企业必须要维持良好的经济状况和动作，仅仅生存下来是不够的。

企业的功能之一在于提高其所有消费者与雇员的生活，股东们通过分享他们所创造的财富而受益。供应商与竞争者同样也希望他们本着诚实与公平的精神信守其义务。做他们经营地区的地方、国家、区域和全球社会的负责任的市民，企业共同参与这些社会未来的建设。

原则二：商业对经济与社会的影响——面临革新、公正与国际社会

驻扎于他国，在外国发展、生产或销售的企业为那些国家创造了劳动就业机会，并提高了他们市民的购买能力，从而也为那些国家的社会发展做出了贡献。这些企业同样致力于其所在国家的人权、教育和社会福利。

企业应该通过有效而又谨慎地利用资源，自由公平竞争，注重技术、生产方式、营销和沟通方式上的革新，不仅在所在国而且在全球范围内促进经济和社会发展。

原则三：商业行为——超越法律条文之外的信任

在承认交易机密合法性的同时，企业还应当认识到诚挚、真诚、诚实、守信、透明化不仅有利于其自身的信用和稳定，还有利于商业贸易的顺利进行和效率，特别是在国际间。

原则四：遵守法纪——从贸易摩擦发展为贸易合作

为避免贸易摩擦，促进更为自由的贸易，保证商业机会均等、各方得到公平相同的待遇，公司应遵守国际国内规则。此外，公司还应认识到，尽管有些行为合法，但仍可能带来不利后果。

原则五. 支持多边贸易——从孤立走向世界

公司应支持关贸总协定、世界贸易组织的多边贸易系统和其他类似的国际合约。公司应积极配合，推动贸易自由化的进程与合理性，降低那些阻碍全球化商业、不合理的国内标准，同时对国家政策目标持以应有的尊重。

原则六：尊重环境——从保护环境发展到改善环境

一个企业应保护并在可能的情况下改善环境，促进可持续发展，防止自然资源的浪费。

原则七：防止非法运行——从利润发展到和平

公司不可参与或包庇贿赂、洗钱等腐败活动，也不可从事武器交易和用于恐怖活动、贩毒或其他有组织犯罪的物品交易。

原则八：顾客

我们相信应充分尊重顾客的尊严。顾客不仅指那些直接购买产品或服务的人群，也包括从正当渠道获得产品与服务的人群。对于那些不直接从我们公司购买但使用我们产品与服务的顾客，我们将尽最大努力选择那些接受并遵循本文件规定的商业经营标准的销售、安装/生产渠道。我们有以下义务：

——向顾客提供质量最好的、符合他们要求的产品与服务；

——在商业的各方面公正对待顾客，其中包括高水平的服务和顾客不满意时的弥补性措施；

——尽力确保顾客的健康与安全（包括环境质量），而且我们提供的产品与服务将会维护或提高他们的环境质量；

——力保在产品的供给、销售和广告中尊重人的尊严；

——尊重顾客的文化完整性。

原则九：雇员

我们坚信应当尊重每位员工，并严肃对待员工利益，因此我们有以下责任：

——提供工作机会和薪水，改善提高他们的生活状况；

——所提供的工作条件应尊重雇员的健康与尊严；

——与雇员坦诚沟通，并共享信息资源，但要受法律与竞争规则限制；

——倾听员工的建议、想法、要求与不满，可能的话还应采取对应措施；

——当产生冲突时应开展富有诚意的谈判；

——避免歧视行为，确保公平对待、机会均等，不受性别、年龄、种族和宗教的影响；

——在企业自身范围内，加强对不同才能的人的雇用力度，使他们走上能使他们真正发挥能力的岗位；

——保护雇员在工作场所的安全和健康；

——鼓励并支持员工发展相关和换职的技能与知识等；

——对商业决策引起的严重失业问题保持关注，并努力与政府、员工团体、其他机构及每一个人共同解决相关事宜。

原则十：股民与投资者

我们坚信应当不负投资者赋予我们的信任，因此我们有以下责任：

——专业、勤勉地管理公司，以确保投资者得到他们应得的而且具有竞争力的回报；

——向股民/投资者披露相关信息（只受法律与竞争情况限制）；

——保卫、保护并增加股民/投资者的资产；

——尊重股民/投资者的要求、建议、投诉和正规方案。

原则十一：供应商

我们相信公司与供应商、分包商的合作关系以相互尊重为基础，因此我们有以下责任：

——在我们所有的活动中寻求公平、诚信，包括在定价、许可、销售权等方面；

——确保在活动中避免强迫和不必要的诉讼；

——同供应商建立长期稳定的关系，回报将是价格、质量、竞争和信赖；

————与供应商共享信息，并将供应商纳入公司的计划过程，达成稳定的关系；

————按照贸易条款及时支付供应商；

————寻找、鼓励并优先选择在实际工作中尊重雇员尊严的供应商和分包商，并对他们表示敬意。

原则十二：竞争商

我们相信公平的经济竞争是增加国家财富的基本条件之一，也是最终可能实现产品服务公平分配的基本条件，因此我们有以下责任：

————建立开放的贸易与投资市场；

————鼓励有益于社会和环境、展现竞争者间相互尊重的竞争行为；

————戒除公司为保证竞争优势而意图或切实给予他方可疑支付与好处；

————尊重物产所有权和知识产权；

————拒绝采用不诚实或不遵守职业道德的手段获取商业情报（如工业间谍）。

原则十三：地区社会

我们相信，作为全球化的企业市民，我们能为所在地区的社会投入改革力量，改善当地的人权状况。因此对公司所在地的社区负有以下责任：

————尊重人权及其国内的制度，在任何可行的地方维护他们；

————意识到政府在宏观上对社会的法律职责，支持公共政策与活动，通过商业与其他各方社会的和谐关系促进当地人的进步发展；

————与这些地区投身于提高健康、教育、工作环境、经济福利事业水平的力量联合起来；

————推动、促进可持续发展，在保护自然资源、提高生态环境方面发挥领导作用；

————支持地方社区的社会秩序、治安防卫和多样性；

————尊重当地文化的完整性；

————通过慈善捐助、对教育和文化的贡献以及员工参与地区社会和市政事务成为一个好企业公民。[4]

三、考克斯圆桌商业原则与中国企业文化

价值观的不同必然导致不同的企业文化。虽然中国进入商业伦理讨论的时期并不

---

〔4〕 资料来源：Reprinted with permission from Business Ethics，P. O. Box8439，Minneapolis，MN（612）679－695.

长，但是早在古代，我们就有仁义、礼、德的思想。中国的核心文化价值是"太和"，即和谐。孟子说如果想要获得成功，就必须要关注道，也就是德，必须要关注仁义。有人问孔子什么是政府，他说就是君君臣臣、父父子子。这是孔子一个很好的见解，很独到的见解，也就是说君是君，臣是臣，父是父，子是子，所以这里有治理，有和谐社会，有太和，每个人都做自己份内的事情。

君君、臣臣、父父、子子，对企业方面有什么影响呢？我们认识到必须每个人都要负起自己的责任，也就是制定的目标一定要达到。我的责任就是把自己的份内事情做好，我是基于质量来销售我的产品，我对于员工是开诚的，彼此互惠的，我为他们提供好处，他们也为我提供好处，也就是待遇关系。对于我们的投资商，我们要共同分担风险，而在供应商方面也是共同分担风险。比如丰田公司，他把供应商融入到了自己的文化当中，和供应商分担风险，而且很多时候都是供应商为丰田提供很多好的概念。与自己竞争对手主要通过质量进行竞争，对于社区所做的事情在这个模式下是没有腐败的，而且是关注环境的。

我们最后可以发现，考克斯的七个核心商业原则都能在《论语》和《孟子》当中找到对应的叙述。可见，考克斯商业原则与中国传统文化是完全相符的，而中国企业更应该立足于此，建立起属于自己的仁义企业文化，把中国传统美德和中国商业新面貌带给全世界。

第四节　跨国公司在国际经营中的基本商业伦理规范

由于跨国公司的规模与实力，使得他们在制定决策时格外注意伦理方面的因素。这不光可以实现他们的目的，也能为他们生产或销售的所在国家带来益处。为此，理查德·T·德·乔治提出了跨国公司应该遵循的七条准则。

一、跨国公司应遵循的七条准则内容

（一）不应造成任何故意的直接伤害

每年的3·15仍然是消费者群情激昂的日子，但2005年的主角却是一批跨国公司。肯德基的调料中发现了"苏丹红一号"；联合利华的"立顿速溶茶"被怀疑氟化物超标而进入"黑名单"；宝洁的"SK-Ⅱ护肤抗皱精华乳"涉嫌发布虚假广告欺骗消费者正面临全国范围内的消费者诉讼。跨国公司如果还不能够重视产品的质量尤其

是伤害消费者生命安全的事件，将会造成很大程度上的信任危机，同时更容易引起民族情绪而形成对这个品牌产品的隔阂。事实上，由于东道国往往是不发达国家或者是发展中国家，行业标准低于欧美国家甚至本身缺乏行业标准，使得跨国公司更容易利用这些漏洞提供伪劣产品给当地居民，形成了同款产品在国内外形成不同档次。因此，跨国公司首先要遵循的基本伦理规范即是始终按照自己的高标准进行生产和销售，不应造成任何故意的直接伤害。

（二）应当为东道国带来利益而不是伤害

跨国公司在东道国生产经营，应该对该国国家的发展和人民生活的安全负有一定的责任，生产经营的目的是给双方都带来利益和生活的提升，而不是以牺牲当地国家的资源、产业作为跨国公司获取利润的代价。在这里，伤害包括两个方面：一是有害产业的生产转移；二是有害产品的销售转移。

有害产业生产转移的一个突出例子就是环境污染密集产业从发达国家向发展中国家的转移。由于发达国家加强了对一些污染行业的控制和管理，对违反企业的惩罚力度加大，而舆论对于环保的监督也越来越强，使得一些高污染企业在本国生产经营的成本过高，不得不转向他国发展。而发展中国家对于经济发展的渴望远远大于对环境恶化的担忧，所以发展初期大量引进外资，而不考虑是否会产生污染。跨国公司就这样将生态成本转嫁到发展中国家。

比如，日本已经将 60% 以上的高污染产业转移到东南亚和拉美国家，美国也将 39% 以上的高污染、高消耗的产业转移到其他国家。[5] 在中国，根据 1995 年第三次工业普查资料，外商投资与污染密集产业的企业占三资企业相应指标的 30%，其中投资于严重污染密集产业的企业占三资企业相应指标的 13% 左右，但占污染密集产业中相应指标的 40% 以上。[6]

（三）应当为东道国发展做贡献

我们强调跨国公司应该恪守自己的社会责任，不伤害东道国国家和人民的基本利益，这是它的基本伦理规范，是从事全球性商务活动的底线。然而，既然在当地生产、经营并由此获得利益，跨国公司还应该致力于推动东道国的社会、经济、文化的发展，为其建设做出应有的贡献，这是较高层次的伦理规范。

跨国公司由于长期在东道国经营、发展已经成为了其社会不可分割的一部分，应

〔5〕曾凡银，冯宗宪．贸易、环境与发展中国家的经济发展研究．安徽大学学报（哲学社会科学版），2000 年第 4 期

〔6〕夏友富．外商投资中国污染密集产业现状、后果及其对策研究．管理世界，1999 年第 3 期

当为其发展承担自己的责任，做出自己的贡献。否则伤害的不仅仅是东道国国民的感情，还有企业多年树立的良好的形象。

（四）应当尊重雇员的人权

尊重雇员的人权只是在跨国公司当地经营中设置一条底线，并不妨碍公司对员工的正常管理。有些人权是得到公认的，如 1948 年的《联合国人权宣言》当中就有涉及商业和营销的人权内容：

（1）每个人都有工作的权利，有被雇佣和自由选择的权利，有获得公平良好的工作环境的权利，有得到失业保护的权利。

（2）每个人都有获得同工同酬的权利。

（3）每个工作的人都有获得公正的和满意的报酬以保证他和他的家庭现时应得的尊严，并且如果必要的话，通过其他社会保护的方式获得补充的权利。

（4）每个人都有为了自己的兴趣组成和加入贸易组织的权利。

因为权利在各个不同国家的具体实施可能因其政治、经济、文化的不同而有所不同，但是尊重人权的商业伦理要求我们在承认这种差异的同时不能导致对人权的侵犯。

（五）只要当地文化不违背道德准则，跨国公司就应当尊重它

跨国公司由于其实力和财富上的优势，往往代表着一种强势文化。如果他们强行推销自己的文化，就会对当地的传统价值与文化观带来冲击甚至是损害。因为在这种强势文化输入的背后，更多的常常是糟粕而不是精华。比如，许多美国公司带入发展中国家的一些美国文化是他们自己已经摒弃很久的东西，如果用自己的文化观去改变东道国的文化价值观，势必造成对东道国的伤害。但是，跨国公司在对待当地文化的时候，也不应该盲从，对于符合道德的给予尊重，对于不符合道德的采取摒弃才是正确的伦理行为。

（六）应当缴纳其公平分摊的税款

这一观点非常有针对性。我们前面也提到过，跨国公司由于在多个地方经营，因此在实际操作中，可以通过诸如国家价格操纵、转账支付等手段逃避税收，或者承担很低的税负。这些方法和手段虽然部分可以逃避法律的制裁，但是从伦理角度来看，却是一种不承担社会责任的表现。因此，主动承担合理、正当的税负是跨国公司的一个重要的伦理规范。

（七）应当与当地政府合作开发和实施公正的背景机制

这一准则强调了跨国公司协助建立国际层面上的背景机制的责任和义务。在国际

商务活动中，跨国公司是主要的参与者，也是全球经济一体化的重要组成部分和推动力量。由于他们的特殊地位和作用，使得他们在构建和发展良好的国际机制上有着不可比拟的地位和不可推卸的责任。跨国公司勇于承担起这一重要角色任务，发挥自己在推动国际事务中的积极作用，是一种良好的伦理表现。

二、跨国公司的伦理约束

为了更好地发挥跨国公司在东道国的积极作用，规范跨国公司的生产经营行为，使其切实地履行应当承担的社会责任，建立适当的约束机制是十分必要的。

（一）国际社会方面

目前已有各种专门性的国际组织，在约束跨国公司社会责任方面还缺乏行之有效的硬约束，已经存在的一些伦理规则也还有许多不足之处。因此，国际社会应该进一步加强合作，制定和优化约束跨国公司伦理责任的行为准则，以发展为核心，以大量的谈判为手段，促使与跨国公司社会责任有关的诸多问题可以纳入到一个相关各方广泛参与讨论的框架中来，从而实现对跨国公司商业伦理的有效国际约束。

（二）跨国公司方面

跨国公司应该正确认识到无论从社会伦理还是自身利益出发，都应该主动约束自己的行为，并且努力承担应尽的社会责任。建立自身的约束机制，如改善公司治理结构，引入职工代表、消费者代表和用户代表共同参与决策的制度，强化社会各方对公司行为的监督与约束；委托基金会、非政府组织或顾问公司，开展工人发展能力的综合项目研究，通过提高工人的发展能力，来推行他们的劳工权益和保护工作，以应对来自社会各方面的伦理道德压力；建立符合自身行业特点的企业内部责任审核制度，并同时建立独立监督和审查程序，从法律或规章制度上促使跨国公司实现伦理责任，向更好的方向发展。

（三）东道国方面

首先，东道国要按照国民待遇原则，与跨国公司建立起企业社会责任审核制度，并要求其制定社会责任活动规划，定期接受检查。通过考核企业承担社会责任的绩效来监督跨国公司社会责任的实施。

其次，强化消费者、行业协会、社会舆论等的社会监督作用。对于跨国公司的经营项目、产品质量、履行社会责任的情况以及是否有破坏本国社会利益的行为进行监督、约束。只有发起全民的监督作用，才能从多方面约束跨国公司的商业伦理行为。

第三，东道国政府要加强与上述提到的国际相关组织以及跨国公司的合作，通过一定的培训项目来提高本国劳动者的生产、生活技能以及社会和自我发展的意识，从而使本国劳动者在跨国公司履行社会责任的过程中能够起到积极能动的作用。

总之，约束是外部因素，还要通过内部因素才能发挥作用。只有跨国公司自身充分认识到实践和承担社会责任、遵循全球商业伦理的重要作用，才能从根本上解决现今全球性的商业伦理问题，真正实现企业社会责任与经济利益正相关的目标。

本章小结

本章主要探讨了经济全球化背景下，跨国公司的商业伦理的内容。随着跨国公司在国际商务活动中扮演的角色越来越重要，其社会责任问题也逐渐成为热点话题。无论从跨国公司对东道国资源控制，还是从跨国公司出于自身利益的考虑，以及构建和谐社会的要求，客观上都要求跨国公司承担其社会责任。

本章首先介绍了全球化的商业伦理要求，列举了现在普遍存在的伦理问题，其次着重就跨国公司的典型商业伦理现象进行了分析，提出了跨国公司的基本伦理规范。同时，为了更好地落实跨国公司的社会责任，还必须建立起一套行之有效的约束机制。最后，介绍了著名的考克斯圆桌商业原则，使大家都能在更广阔的范围内了解和认识全球商业伦理的发展和方向。

同步练习

一、单项选择题

1. （　　）是世贸组织的重要原则，根据该原则，世贸组织成员需公布有效实施的现行的贸易政策法规及其他有关影响贸易行为的国内立法或行政规章。

A. 透明度原则　　　　　　　　B. 市场准入原则

C. 公平竞争原则　　　　　　　D. 最惠国待遇原则

2. 跨国公司社会责任是在特定的法律框架、社会规范和经营环境下，跨国公司在履行其基本经济职能的同时，承诺持续遵守（　　），为经济发展做出贡献，并且要持续改善员工及其家庭、所在社区成员社会生活的品质，为社会发展做出积极贡献。

    A. 法律规范　　　　B. 道德规范　　　　C. 经济规律　　　　D. 自然规律

    3. 符合考克斯圆桌组织商业伦理原则的为（　　）。

    A. 企业的功能之一在于提高其所有消费者与雇员的生活水平，股东通过分享他们所创造的财富而受益

    B. 赚取剩余价值

    C. 科技进步

    D. 融入经济全球化

    4. 企业对急救产品要价过高属于（　　）伦理问题。

    A. 种族歧视　　　　B. 人权问题　　　　C. 价格歧视　　　　D. 行贿受贿

    5. 下列（　　）不属于跨国公司的伦理问题。

    A. 利用低价劳动力资源　　　　　　　　B. 爱护生产所在国的自然资源

    C. 影响甚至控制不发达国家的经济生活　D. 不公平竞争

二、多项选择题

    1. WTO 主要包括以下（　　）基本原则。

    A. 公平自由竞争原则

    B. 互惠互利市场准入原则

    C. 透明度原则

    D. 法治原则

    2. WTO 文件中直接使用了市场准入原则的主要包括（　　）。

    A.《服务贸易总协定》

    B.《农业协议》

    C.《实施卫生与植物卫生措施协定》

    D.《1994 年关贸总协定》

    3. 经济全球化对我国商业伦理的要求是（　　）。

    A. 努力争取参与经济全球化

    B. 要努力承担起社会责任

    C. 要构建诚信的商业环境

    D. 要汲取优秀的中国文化

    4. 跨国公司伦理的一般理论包括（　　）。

    A. 功利论　　　　B. 道义论　　　　C. 相对主义论　　　　D. 矛盾论

5. 下列（   ）属于跨国公司的基本伦理规范。

A. 不应造成任何故意的直接的伤害

B. 应当为东道国带来利益而不是伤害

C. 应当为东道国发展做贡献

D. 应当尊重雇员的人权

E. 只要当地文化不违背道德准则，跨国公司就应当尊重它

三、简答题

1. 全球伦理问题有哪些？

2. 跨国公司的主要伦理问题集中在哪些方面？

3. 怎样约束跨国公司的伦理行为？

四、案例分析题

哥本哈根世界气候大会

哥本哈根世界气候大会全称是《联合国气候变化框架公约》。缔约方第 15 次会议于 2009 年 12 月 7 日—18 日在丹麦首都哥本哈根召开，商讨《京都议定书》一期承诺到期后的后续方案，就未来应对气候变化的全球行动签署新的协议。这是继《京都议定书》后又一具有划时代意义的全球气候协议书，毫无疑问，对地球今后的气候变化走向将产生决定性的影响。

这次会议将努力通过一份新的《哥本哈根议定书》，以代替 2012 年即将到期的《京都议定书》，否则在 2012 年《京都议定书》第一承诺期到期之后，全球将没有一个共同文件来约束温室气体的排放。这将导致人类遏制全球变暖的行动遭到重大挫折。也正是因为这个原因，本次会议被广泛视为是人类遏制全球变暖行动的最后一次机会。

在此次会议上，国际社会需就以下四点达成协议：

1. 工业化国家的温室气体减排额是多少？

2. 像中国、印度这样的主要发展中国家应如何控制温室气体的排放？

3. 如何资助发展中国家减少温室气体排放、适应气候变化带来的影响？

4. 如何管理这笔资金？

会议的焦点问题主要集中在"责任共担"上。哪些国家应该减少排放？该减排多少呢？比如，经济高速增长的中国最近已经超过美国成为最大的二氧化碳排放国。但在历史上，美国排放的温室气体最多，远超过中国。而且，中国的人均排放量仅为美国的四分之一左右。

中国已经开始积极应对世界气候问题。从全球来讲，共有 192 个国家参加了全球

气候保护协定——《联合国气候变化框架公约》，并于 1997 年签订了《京都议定书》，承诺在 2012 年前共同削减温室气体排放，并帮助脆弱地区应对变暖带来的灾害。而中国也已经从科学和社会发展等多方面认识到了气候变化的巨大影响，并且开始进行着积极的应对。我国于 2005 年通过了第一部《可再生能源利用法》。在这个积极政策的引导下，截至 2008 年底，我国风电发电量 128 千瓦时，比上年增加 126.79%。风力发电已经成为这场能源革命中的主要力量。我国也已成为全球最大的光伏产业基地，去年太阳能发电量达到 110 万千瓦，占全球太阳能发电总量的 27.5%。此外，我国还提出了到 2010 年实现单位国内生产总值能源消耗比 2005 年降低 20%左右、到 2010 年努力实现森林覆盖率达到 20%、2020 年可再生能源在能源结构中的比例争取达到 16%等一系列目标。

请思考：

1. 哥本哈根气候大会的目的与考克斯圆桌道德准则有什么共同之处？
2. 在这次会议当中所体现出的商业伦理是什么？
3. 气候环境与商业伦理之间有什么联系？
4. 我国如何实现全球化时代的商业伦理？

第八章　商业伦理教育与修养

学习目标

※ 了解什么是商业伦理教育和商业伦理教育的作用体现
※ 理解如何进行商业伦理道德教育和如何加强商业道德修养
※ 掌握商业伦理道德教育的内容

章首案例

案例描述：

"金融危机都是商学院惹的祸"，这是很多人对商学院在这场全球性的金融危机中扮演了怎样角色的看法。

北京大学研究员、威雅仕管理教育机构总经理李懿恒认为，对于造成这次全球金融危机的原因，从表面上看是美国华尔街的金融衍生品的无限制发展、政府对金融创新缺乏系统监督以及美国消费者的过度需求等造成的，但也反映出人性的贪婪和行为不自律的恶果。而在华尔街投资银行中掌握这些金融衍生工具的，正是接受过良好训练、熟练地掌握现代金融知识的顶尖商学院的MBA 精英们。正是那些在导致全球经济海啸的美国次贷危机中扮演了不光彩角色、具有 MBA 教育背景的华尔街高管们，让整个社会对商学院的教育产生了怀疑。

顶着耀眼光环的商学院，正在面临着一轮前所未有的道德拷问。即使是商学院的院长们，也不得不开始正视这种压力并进行深刻反思。例如，哈佛大学认为，次贷危机爆发的原因除了有华尔街受到的利益驱动、监管缺失，其中商学院也难辞其咎。其中最重要的原因，就是美国顶尖商学院都注重为华尔街培养所谓的"Young Smart（年轻且精明）"的投行人才，"结果是那些涉世不深、又急于快速致富的人将世界推入深渊"。

案例分析：

正是由于人们过分关注短期的利润和回报，才使金融危机不断加剧，即便是那些风险评估机构，也被用来引诱鼓励大家做高风险投资。而在国内，从"三聚氰氨事件"到波及中国经济甚为深远的全球金融危机等一系列热点，引发人们对商业伦理道德、职业操守和社会责任教育的缺失进行深刻反思。

第一节　商业伦理教育的意义和作用

商业伦理道德观念的养成是一个长期的过程，一个人的道德伦理观念需要有漫长的积累和形成周期，绝非一朝一夕的事情，然而，其中不可忽视的是人可以依靠教育这种途径来认识、认同并且将之内化为自己的伦理道德观。而且这种方式对于道德伦理的传播有着直接有效的作用。

一、什么是商业伦理教育

商业伦理教育，是商业道德实践活动的一种形式，按照一定的商业道德原则和商业道德规范有计划、有组织地对人施加影响，使人们接受这种道德原则和规范，并转化为自己内心信念和道德品质，自觉履行对社会和他人的相应义务，这种商业道德实践活动，叫商业伦理教育。[1]

商业伦理教育能够使人们自觉地践行商业伦理道德义务，是培育商业职业理想人格、造就人们内在道德品质、调节商业职业行为、形成良好社会舆论和社会风气的重要手段。

二、实施商业伦理教育的必要性和迫切性

现实世界里的商业伦理道德状况不容乐观，尤其是在中国现行的教育制度下，伦理道德的教育流于形式，教师的正面教育往往敌不过现实世界的现身说法，这让很多人在正确和错误的伦理观念中摇摆，伴随而来的就是当产生利益冲突或出现利益诱惑时该如何抉择的问题。事实上，在社会管理中有很多问题是无法完全由法律法规来管理和规范的，大多数问题需要藉由道德和伦理来协调和控制，所以，对于商业伦理教

---

〔1〕 纪良纲．《商业伦理学》263 页．北京：中国人民大学出版社，2005 年

育应该上升到一个重要的层面来对待，尤其是商品经济社会，更具有必要性和迫切性。总的来说，对员工实施商业伦理教育是顺应社会发展、建立各种经济秩序的具体要求。

（一）加强员工商业伦理道德教育是时代的要求

实现经济与社会的协调发展，是以人为本科学发展观的内在要求。在此时代背景下，社会发展中的精神、文化、道德在经济发展中的作用日益凸显。只有把经济发展与道德文化建设相结合，才能实现社会发展以人为本的终极目标。

（二）加强员工商业伦理道德教育是发展市场经济的要求

市场经济是通过市场手段来实现资源配置的经济发展形式，以实现利润的最大化。然而，利润最大化的实现过程要受到有限条件的约束。这些条件包括法律、道德、契约、财务、技术等。在资源配置过程中，各个经济主体不断通过博弈来实现自己的目标。在此过程中，必然会出现利益冲突。在解决利益冲突的过程中，很多行为要靠伦理道德习俗的约束来保证市场经济的正常运行。

（三）加强员工商业伦理道德教育是提高现代企业管理人才素质的要求

近年来，由于企业不遵循伦理规则而自掘陷阱的案例比比皆是。现实状况使人们更加清楚地意识到伦理道德在经济发展中的作用。作为企业的管理者和经营者，具备专业的伦理知识和伦理道德意识已经成为衡量现代管理人才的重要标准。从人力资源管理的角度看，"德"是企业选择人才的首要条件，因此，作为现代企业管理人才，让企业的经营决策遵循商业伦理道德是一种必需的素质。

（四）重视员工商业伦理道德教育是实现经济全球化发展的要求

随着经济全球化的发展，跨国经营范围更加广阔，国际交往日益增多。而国与国之间、地区与地区之间均具有不同的价值观和不同的制度体系。不同的文化价值观和制度体系必然意味着人们不总在"一个人应该做什么、怎么做"上达成共识。就是说，企业伦理和社会责任存在着国别差异。因此，作为现代国际企业的管理者，必须学会国际企业伦理语言，并按照国际企业伦理办事。

（五）商业伦理教育是现代商业伦理建设的重要途径

现代商业伦理建设是企业文化建设、企业战略的重要组成部分，由于员工的经历、受教育的背景、家庭以及个人的认识皆不同，因此，很难在一个企业或组织内部达到伦理道德观念上的一致，这就需要通过再教育的方式来宣传、塑造适合企业和社会发展的商业伦理，这种方式很大程度上不仅对商业伦理建设有益，同时对于企业文化内核的形成有巨大的推动作用，现代商业伦理不仅要学习前人，同时在科学技术、商业模式不断发展变化的时期，商业伦理建设仍是伦理道德发展的必由之路，是一种不可取代的重要途径。

三、商业伦理教育的作用体现

商业伦理教育实际在现实生活的操作过程中有很多现实意义，无论对于企业组织还是对于个人都有积极的作用，具体起来说，表现在以下几方面：

（一）帮助员工树立正确的道德理念、思维及习惯

人的能力是企业非常看重的一个因素，而绝大多数企业还非常看重一个人的伦理道德观念，能干而有德的人是企业最希望得到的。有能无德的人让很多企业避而远之，因为懂得核心技术和技术流程或者企业商业机密的人，一旦道德观念"出轨"，完全有可能在利益的驱使下干出很多不利于企业的事，比如出卖公司或企业的商业机密给对手，收取高额酬劳等等龌龊的事情，只要能达到自己的目的不惜出卖灵魂。这样的员工可信任程度极低，在这种状态下，老板和员工相互猜忌，互不信任，工作很难高效开展。因此，培养人的道德素质尤为重要。只有员工的道德水准过关了，这样的人才能用，才能重用，而道德理念的培养也应该是企业的一种养成教育，逐步行成一种思维，内化为自己的一种良好习惯，这样才能让员工在道德素养上真正得到提高。

（二）强化员工的责任意识

现代的商品经济体制下，大部分企业是非公有制的，企业与员工的关系不像以前计划经济体制下那么紧密。现在的人都有一个打工的心态，他们更多的是为薪酬或其他的个人需求而工作，他们强调"付出"与"收获"，而对于责任意识却很淡薄，这也是在计划经济向市场经济转轨以后道德意识相对滞后的结果，出现了很大道德缺失。很多人都把工作中的问题划分得很清楚，"各人自扫门前雪，哪管他人瓦上霜"，很多人都抱着拿多少钱干多少事的想法，与以前所提倡的奉献精神可以说是大相径庭。所以，加强商业伦理教育还在于要强化员工的责任意识。

（三）促进商业人员的个体完善

用人是用人的长处，培养人的能力，而员工也需要一个平台施展自己的才能和体现自己的水平，人在实践的过程中是一个不断总结、不断进步的过程，只有不断提升，才能达到自我完善的目的。

（四）维护社会的经济秩序，促进社会生活稳定发展

在现实生活中，一旦企业和员工都不遵守社会所认同的伦理道德，社会信用秩序混乱，信用缺失，信用链条断裂，不仅造成经济关系的中断和扭曲，社会交易成本增加，还会导致企业和金融机构经营风险的增大，助长滋生腐败、败坏社会风气，成为社会一大公害。因此，需要对员工开展持久的诚实守信的思想道德教育，努力建立一个适应社会主义市场经济发展的思想道德体系，使员工自觉遵守市场经济秩序，形成良好的道德风尚，带动和促进社会风气的进一步好转。

加强对员工进行持久的诚实守信的道德教育，使其懂得没有信用就没有秩序，市场经济就不能发展；国家、企业不能有效地利用信用资源，企业就难以获得更快发展，国家也难以更快富强的道理。

（五）凸显企业文化建设的道德内涵

企业文化的核心是价值观，表现为行为，即企业的凝聚力、员工对企业的忠诚度、责任感、自豪感、精神面貌和职业化行为规范，因此文化的改变会带来行为方式的改变。但是一定要注意不能只注重企业文化的形式，忽略企业文化的内涵。在中国企业文化建设过程中，最突出的问题就是盲目追求企业文化的形式，而忽略了企业文化的内涵。企业文化是将企业在创业和发展过程中积淀的基本价值观灌输给全体员工，通过教育、整合而形成的一套独特的价值体系，是影响企业适应市场的策略和处理企业内部矛盾冲突的一系列准则和行为方式，这其中渗透着创业者个人在社会化过程中形成的对人性的基本假设、价值观和世界观，也凝结了在创业过程中创业者集体形成的经营理念。将这些理念和价值观通过各种活动和形式表现出来，才是比较完整的企业文化。如果只有表层的形式而未表现出内在价值与理念，这样的企业文化是没有意义的，是难以持续的，也不能形成文化推动力，对企业的发展产生不了深远的影响。

企业文化的内涵十分丰富，其中带有根本性的一条就是树立起企业的社会责任意识。是企业为改善利益相关者的生活质量而贡献于可持续发展的一种承诺。

有纪律的文化，才是真正的企业文化。有纪律的文化，核心内容是通过塑造有纪律的文化打造出不需要纪律约束的企业团队，如果一个人需要纪律约束的时候，证明他已经不适合在这个团队中存在了。强调企业中的每个人在特定框架中的自由和责任，这就包括组织、制度、绩效等等，框架的边缘就是高压线，一旦触及必然会受到严厉的处罚。关键是把企业文化建设与企业核心理念有机结合。对职工加强灌输和引

导，对照企业核心理念要求，着力解决好团队意识、敬业精神、服务理念等突出问题，为有效发展奠定坚实基础。

第二节　商业伦理教育的内容与方法

一、商业伦理教育的内容

（一）诚信原则

诚信原则是企业经营之本。诚者不伪，信者不欺。因为企业的生存与发展有赖于企业利益相关者长期、可靠的合作，如果缺乏诚信，就难以合作。诚信原则要求讲真话，不欺诈，如，不发布虚假广告，不以次充好、短斤缺两、漫天要价，不偷税漏税，不作假账，不虚报统计数字等等。诚信原则还要求一诺千金，说话算数。比如，签订的合同要千方百计地履行，对顾客许诺的产品质量和服务应不折不扣地达到等。

诚信对于企业经营商业活动的作用至少包括三个方面：一是正常交易关系以建立良好道德心理的前提；二是可以大大减少交易成本；三是交易关系得以长期维系的道德条件。唐纳森和邓菲曾概括说："企业本质上是一种群体活动，大多数成功的企业关系核心在于一些基础价值观，如可靠、信守承诺等。欺骗和盗窃财产会给企业造成重大损失。为了维护一个有助于经济有效运行的环境，一切形式的经济组织对道德行为有最低限度的要求。"

作为市场主体的企业，诚信的伦理质量应在企业与消费者、企业与合作者以及企业与社会之间的相关利益者的关系中体现出来。随着市场经济发展而带来的买方市场的形成，消费者的需要也越来越占主导地位。因此，一个以诚信为本的企业，首先，在产品生产之前就必须进行市场调研，以发现消费者的真正需求及其发展趋势，从而确定生产什么、如何生产、如何设计、如何推广等一系列问题，以满足消费者的需求；其次，产品在生产和销售过程中，还必须进行市场调研，发现消费者需求的变化情况，以及产品对消费者需求及其变化的适应程度，以便及时调整经营方向；最后，产品在销售出去以后，还必须全心全意地对消费者跟踪服务，进一步满足消费者需求，实现对消费者的承诺。合伙人或合作企业的诚信，包括对广告诚信、产品质量诚信和公共事业诚信等各方面的诚信。

我国现行的《公司法》规定了 10 余种情形属于违反该法的犯罪行为，应承担的民事责任、刑事责任和行政责任。为了保障《公司法》的顺利贯彻实施，第八届全国人大常委会第四次会议于 1995 年 2 月 28 日通过了《关于惩治违反公司法的犯罪的决定》。这一《决定》主要是针对刑法没有规定的违反《公司法》的犯罪行为作了补充规定，共 15 条，它公布的一些主要犯罪行为从反面注释了企业的诚信应包含的内容与方面。这些犯罪行为包括：虚报注册资本罪；虚假出资罪；非法发行股票、公司债券罪；提供虚假的财务会计报告罪；公司企业人员受贿罪；职务侵占罪；挪用资金罪；对不诚信的经营行为除了法律制裁之外，还有行政制裁。

（二）义利并重原则

企业的"义"与"利"一直是管理理论中一个重要问题。一般来说，义是指伦理规范、整体利益、公利、精神需要；利是指个人利益、私利、物质需要。关于义利的关系，可归成以下三种形式：重义轻利（其极端情形是只讲义不要利）、重利轻义（其极端情形是只讲利不要义）、义利并重。

作为企业，当然要追求利润。企业的管理人员，其经营行为带有创利的目的，这当然是无可非议的。但是，具体评价一项行为，除了创利这一经济尺度，还应有另外的尺度即伦理的尺度。关于这一问题，西方学者对此提出了种种理论，试图对企业的经营行为掌握一种伦理评判的尺度。其实，中国早在几千年以前，就对这一问题进行过研究。如传统的儒家管理伦理，在这一点上是强调"重义轻利"的。这里的"义"，指的就是一种道德追求，而当时所谓的"利"主要指的是个人利益。"君子喻于义，小人喻于利"就反映出儒家代表人物孔子的价值倾向。但他同时也主张"见利思义"。他所反对的是光讲利却不讲义，所谓"放于利而行"，只顾追求物质利益，而把伦理道德放于脑外。而墨家代表人物墨子则提出"兼相爱，交相利"，而且明确提出"利"是根本的道德准则，强调义利并重，这就把义与利的关系放在比较正确的位置上来进行分析。

就当代而言，尤其对企业而言，比较严重的问题是较多企业片面追求经济利益，没有很好地处理义与利的关系，因此，在一些经营管理行为中出现不道德的倾向。企业应该积极处理好经济效益与社会效益的关系，既不能相互割裂即只顾一头而不顾另一头，只顾经济效益而不顾社会效益将使利益相关者受损，以使经济不道德行为大量滋生；而只顾社会效益不顾经济效益将违背企业本质与企业经营目标，没有经济效益的企业在市场经济中是无法生存的。从根本上说，企业经济效益和社会效益的关系涉及的就是商业道德责任、社会责任问题。企业对其相关利益者负有不可推卸的社会责任。

　　在正确处理企业经济效益与社会效益关系时，必须注意以下三点：第一，企业经营经济效益的基础性作用决不可低估。应看到：在市场经济中，企业向社会提供产品和服务的直接目的是追求利润，企业作为一个经济组织，获取利润是生存的条件，利润的多少直接关系到企业的发展。第二，在经济效益与社会效益的关系中，经济效益是基础，经济效益好了，企业可以承担更多的社会责任，社会效益也会提高。因此，忽视经济效益，一味做好事是不可取的。只顾经济效益而不顾社会效益，结果连经济效益也上不去。只有通过承担社会道德责任，取得社会和消费者对本企业产品和形象的认同，才会在这种认同中提高企业的无形价值，从而推进经济效益的提高。第三，努力追求经济效益和社会效益相结合的经营原则。这就要求企业在经济活动和经济行为中，独立地履行伦理义务，独立地承担伦理责任。在企业的内部管理活动和外部经营活动中，始终不忘所担负的道德责任与社会责任，从而使企业能长期保持最佳精神状态，从而保障企业长期保持最好经济状态。

（三）互利互惠原则

　　企业经营离不开利益相关者的参与，只有互利互惠，企业与利益相关者之间的合作关系才能维持下去。互利互惠原则的最低要求是"不损害他人利益"。希望相关利益者怎样对待本企业，就能明了"不损害他人利益"的重要性。"己所不欲，勿施于人"说的就是这个道理。"不损害他人利益"也是西方企业伦理的一条基本原则。西方一向以注重个人利益而著称，然而，追求个人利益也不能无所顾忌，根本的一条就是"不损害他人的利益"。"不损害他人利益"对竞争者也同样适用，虽然在特定时间断面，企业获利多了意味着竞争者获利少了或者亏了。假若企业是通过正当的手段获得竞争优势的，不能算是损害竞争者的正当利益；反之，若是通过欺骗性广告、窃取商业秘密等不正当手段搞垮竞争者，就损害了竞争者的正当权益，是不道德的。如果仅仅停留在"不损害他人利益"还体现不出真正的互利互惠，应该考虑与利益相关者分享利益，通俗一点讲，就是在自己赚钱的同时，也要给利益相关者好处。

（四）公平原则

　　公平原则首先要求机会均等，如员工应该有均等录用、上岗、晋升、获取报酬、学习提高的机会，顾客应该有均等的获得产品和服务的机会，供应者应该有均等的提供资源的机会等。任人唯亲、性别歧视、种族歧视、不按订货顺序供货，同一产品对不同的顾客出现差别待遇等，都是违背这一原则的行为。

　　公平原则也要求公平竞争，这是机会均等原则的内在要求。公平竞争首先是竞争活动的公平，即每一个企业、每一个员工都有自主选择参与竞争活动的权利；其次是竞争规则的公平，对所有参与竞争的主体具有同等的效力；再次是在竞争结果面前人人平等，即参加竞争活动的主体必须承认和接受竞争的结局。公平原则还要求按劳分配。按劳分配强调的是，在劳动的质量和数量面前人人平等。公平是机会的均等，而不是结果的均等。干多干少一个样，分配上的平均主义体现不了公平原则，而平均主义、"大锅饭"还将导致效率低下，既不公平，又无效率，自然应该抛弃。在中国传统伦理思想中，等级观念、平均主义根深蒂固，公正、平等思想比较欠缺，在市场经济建设中，应逐步树立正确的公平观念。

（五）集体主义原则

在商业伦理中，个人与集体的关系包括：企业与国家，员工与部门、企业，部门与企业等关系。集体主义原则首先强调要兼顾个人利益与集体利益，不能只讲个人利益，也不能只谈集体利益。其次，在个人利益与集体利益发生矛盾时，个人利益服从集体利益，局部利益服从全局利益，暂时利益服从长远利益。

需要指出的是，中国传统文化在个人与集体的关系上，具有"整体至上"的特征，这种价值取向有利有弊。由于有"整体至上"的背景条件，现在讲"集体主义"，企业应如何兼顾企业与国家，员工与部门、企业，部门与企业等关系。

非伦理的经营管理行为则是面向个体企业，衡量企业决策、政策、行为对与错、好与坏，就看是否对企业有利，有利则是对的、好的；反之，则是错的、坏的。但是，企业伦理的经营管理却不然，需要从整体来看问题。衡量企业决策、政策、行为的对与错、好与坏，既从个体企业角度看，又从社会整体角度看。换句话说，并非每一项企业经营活动都对企业自身是最有利的，有些是次有利的，有些甚至可能在短期弊大于利，但从社会整体看，则是最有利的，但这是企业合乎伦理的决策。

集体主义原则使经营管理决策必须从社会整体视角出发。"道德的发展史表明，道德一开始就是一种调整个人利益与社会集体利益的行为规范。道德原本的用意在于维护社会共同利益的尊严。实际上，道德的崇高和价值就在于它是共同利益的维护者。"这一视角可以给企业经营管理决策以新的启迪。合乎伦理的管理活动并非只考虑整体不考虑个体，而是力求把两者有机地结合起来。

（六）尊重人原则

尊重人就是要尊重每个人的尊严、权利和价值；尊重人就是要承认人的差别，因人而异，量力而行，人尽其才；尊重人，就是要把其他人看做是目的，而不是实现自身目的的手段，即认真地对待他们，承认他们的合法权益，尊重他们的愿望。尊重人不仅在于对企业内员工的尊重，还应扩展到对其他利益相关者的尊重。

在经营管理中，对人的认识从经历了早期的"机器人"、"经纪人"发展到"社会人"、"复杂人"、"自我实现人"，再到"公司人"、"学习型的人"，取得了明显的进步。人的重要性为越来越多的人所认识。尊重人、重识人，是因为考虑到人是一种活的资源，是一种弹性最大、最有潜力可挖的资源。尊重员工，是因为得到尊重是每个人的需要，满足了个人的需要，就有可能激发他的工作积极性，提高生产率；给顾客提供优质的产品或服务时，高质量往往是提高竞争优势的有效手段。在这里，员工、顾客等都是实现企业自身利益最大化的工具。

企业经营管理进行伦理的决策必须选择尊重员工。把人看作既是手段，又是目的。德国著名伦理学家弗里德里希·包尔生（Friedrich Paulsen）说："所有的技艺根本上都服务于一个共同的目的——人生的完善。""人生的完善"表现为物质和精神两个方面。"不尊重人"、"伪劣产品"与"人生的完善"是背道而驰的。实际上，人类的一切活动，归根结蒂，就是为了人类自身的生存和发展。康德提出，人应该永远把他人看作目的，而永远不要把他人只看作实现目的的手段。他把"人是目的而不是手段"视为"绝对命令"，应无条件地遵守。

尊重人、视人为目的的思想正逐渐进入管理领域。肯尼斯·古佩斯特和小约翰·B·玛瑟斯认为，尊重人，把人看做目的而不仅仅是实现目的的手段是企业社会责任概念的核心。爱德华·弗里曼和小丹尼尔·R·吉尔伯特认为：在许多情况下，顾客服务和质量本身就是目标。

（七）和谐原则

和谐原则要求企业与利益相关者和睦相处，处理好各个方面的关系。企业是一个有明确分工的集合体，由于分工不同，所处的地位不同，人们的看法会有差异。企业经营管理活动的目的就是通过全体员工的齐心协力方能取得成效，因此，在企业内要形成一种团结、友爱、互助的氛围。和谐原则要求员工之间团结、友爱、互助，管理者与被管理者之间相互理解，管理者与所有者之间相互支持，部门之间相互体谅、相互合作。

从企业外部来看，和谐原则也要求企业内部，企业与顾客、供应者、政府、小区、公众也应该和睦相处，以建立融洽的外部环境。即使是与竞争者也要合理、合法地相处。

和谐原则也要求企业建立良好的人际关系。这种关系包含企业利益相关者的关系和员工与员工之间的关系。无论是哪一种关系，对企业的成败都有重大的影响。R·爱德华·弗里曼和小丹尼尔·R·吉尔伯特把"关系的发现"视为兴起于20世纪80年代的管理革命的两个前沿之一，并认为，"我们'发现'组织并不存在于真空之中。在做战略选择时，企业发现还有一些群体和个体（除所有者外）与企业的行为利益相关。这些利益相关者，如顾客、供应者、小区、政府、所有者、雇员都在做选择，都要依赖组织去实现他们的计划。同样，组织要依靠他们才能取得成功。"忽视利益相关者的存在，不尊重所有者以外的利益相关者的利益，企业便难以成功。企业经营管理就是要处理好管理者与普通员工、员工与员工的关系。而管理者与普通员工的良好关系反而过来能促进企业的发展。商业伦理不仅能指导管理者处理好与利益相关者的关系，而且也能指导他们处理好与普通员工的关系及员工之间的关系。

（八）不断进取原则

市场经济和全球竞争对企业经营提出了很高的要求，每一个企业都感到了一种实实在在的竞争压力，迫切需要树立与之相适应的伦理观念。据我国的实际情况，绝大多数企业都改变了以前计划经济体制下那种"等、靠、要"的懒散状态，在市场中主动出击，使出浑身解数，以求得产品畅销和企业发展。但也有不少企业存在安于现状，得过且过，不思开拓创新，不求有功，但求无过，缺乏冒险精神，办事马马虎虎，满足于"差不多"，不讲认真，不求精细等流弊。在市场竞争中需要企业坚持"不断进取原则"，不断创新。创新是企业的活力之源，也常常意味着有风险。企业想要有所发展，就得冒些适当的风险。企业是提供产品和服务的，不认真怎么能拿出品种新、质量优的产品与服务？不益求精怎么获得竞争优势？鉴于此，我国要大力提倡进取原则，勇于开拓创新，乐于承担适度风险，力求脚踏实地、精益求精。

（九）企业伦理守则

企业伦理守则在以下方面显示了其积极意义：

一是有助于解决企业中某种部门职员所面临的特定问题。使员工的行为都有了明确的指导，明确什么是该干的，什么是不该干的，公司提倡什么行为，反对什么行为。

二是迫使企业中的员工以一种新的方式，通过自己的工作对公司、他人或顾客、社会整体履行相应的义务，并认真思考自己的使命。

三是可以对已经制定的准则进行讨论和修改，使其更加完善。把握新的价值导向，引导员工的价值观与公司的发展和要求相吻合。

四是有助于将责任的前景、以道德的观点看待自己的行为的必要性、培养与其职位相一致的美德的重要性等理念灌输给各个层次的新员工。

五是就一个企业而言，若其内部员工长期受到不公正的待遇，他们就会停止做出积极贡献，而企业为此所付出的代价远比为了正当的交换关系及人道的工作条件所出的花费要高。

六是可以用来向顾客和公众保证，企业会遵守道德准则，为公众提供一种用以衡量企业自身行为的标尺。

七是作为一种无形的投资，可以提高与社会合作的信赖度和生产效益，从而使企业赢得一种竞争中由于道德行为所带来的战略性优势。

八是能够为人们开启一个新的视角，能够使人们以一种比较长远的眼光来观察事物并客观地考虑自己行为的方方面面，从而避免无可挽回的后果发生。

企业伦理守则的基本依据是社会伦理规范，包括国家、集体、个人三者利益兼顾，诚实、守信、互利、互助、公平、公正、平等、团结、友爱、尊重人、不损害他人利益等。企业伦理守则不是社会伦理规范的简单应用。企业作为一种社会组织，有其自身的特殊性，如营利性、竞争性。这些特殊性决定了企业应具有不同于其他组织的规范，企业伦理守则是该企业所接受、信奉的规范，并愿意踏踏实实地照此去做的。它反映出了企业期望达到的道德水平。企业伦理守则还必须考虑到企业特定的历史、文化、技术和产品条件。

在实际工作中，企业伦理守则因公司文化、产业环境、市场竞争等因素的差异而有所不同。有的企业伦理守则说明的是一般道德原则应该如何运用到企业的工作或产品中去；有些企业伦理守则反映了特定的关注和担忧，如贿赂和非法政治"捐助"；有些企业将作为指导原则的企业伦理守则作为企业内部为人们所承认的惯例；有些企业将员工的具体行为指导写进了企业伦理守则，如有的企业规定不得接受供货商提供的任何赠品，而有的企业允许接受供货商提供赠金的数目为 25 美元到 50 美元，有些企业明文禁止为供货商以及顾客提供赠品。

这些准则概括起来大体有以下几个方面：第一，关于企业与出资者关系的伦理规范。第二，关于企业与员工关系的伦理规范。第三，关于企业与消费者关系的伦理规范。第四，关于企业与企业关系的伦理规范。第五，关于企业与政府关系的伦理规范。第六，企业与公众关系的伦理规范。第七，关于企业与自然环境关系的伦理规范。它要求企业的生存和发展应有利于自然界的生态平衡，造福子孙后代。

除此之外，还应该明确利益相关者的优先次序。利益相关者有各自的要求，难免会发生冲突，那么，谁的利益应该优先得到满足呢？一般来说，社会利益应该优先。

可是，谁代表社会呢？如果说是所有者以外的全部利益相关者，代表面确实很广，但是这些利益相关者之间仍然会有冲突，怎么办？顾客—员工—供应商—政府—小区—公众—所有者这样的优先次序有其合理性。

企业准则实施的关键不在于条款的具体化，而在于要使员工深入了解这些准则是如何确定下来的。"如果想使某一职位上的人把他们的职位准则内化，或者员工将企业伦理守则内化，他们就必须理解这些准则是怎样来的，以及他们应如何适用道德原则"。

其次，企业可设立由消费者代言人、环境监测人等组成的中立的监督机构——伦理委员会，其任务是参与董事会的决策和对企业伦理法典的实施情况进行审查，并向公众提出评议报告。

最后，应当在社会中形成一种对所有企业家都有影响力的企业伦理的普遍气氛，一种对道德行为的义务，形成一道以自我约束、自我监督为特征的坚实的防线。使企业中的每一名员工都将企业准则视为自觉的行为，假如哪个企业破坏了这种气氛、冲破了这道防线，它虽一下子还不至于受到法律的制裁，但也会在媒体、教会、社会团体等的揭露下，付出形象受损的代价，最终还要收到一张经济上无法承受的沉重账单；如果哪一个员工破坏了这种准则，他虽不会受到解雇或经济上的惩罚，但会通过企业的文化由企业的非正式团队对其进行道义上的惩罚。

二、商业伦理教育的方法

（一）正向的引导方法

遵守商业伦理观念的行为受到社会的认可，得到消费者的好评。知道什么是可以做的，什么是不能做的。将社会规范和伦理道德以原则的方式呈现出来，指导经营者和企业的决策与行事方式。

（二）示范方法

将现实生活中的事例摆出来，对人们和组织起着示范性作用。优秀的企业家和企业在商界凭借良好的声誉，可以在商场获得长久的回报，获得社会及消费者以及员工的信任，这些对一些在经营理念上还比较短视的经营者和企业有一定的影响力。诚信、负责、关注社会，这些道德伦理，在经历一段时间的积累以后，也会成为品牌形象力的一个部分。

（三）警示方法

不管是大的还是小的企业，在经营的过程中由于有着利益的冲突，很难不涉及到伦理和道德的困扰，怎样解决这些难题，往往成为一个企业发展的分水岭，很多知名企业曾经在这样的问题上栽了跟头，甚至一蹶不振。这些事例给人以教训和警示，让人以此为戒。

（四）个人反省和自律方法

经常通过反省个人所持守的道德原则与道德标准，对照社会和企业的要求，时常针对自己的行为反思是否符合社会规范，经常将道德伦理作为一个标尺来衡量和比照自己的行为，使道德理念得到进一步的提升。通过在商业领域个人的价值反省，进一步探究面对职业道德与利益、决策制定时所面临的伦理冲突，应该做出怎样的选择，从而提高对商业伦理道德要求的认识，进行自我教育和自我管理。

第三节　商业道德修养

一、商业道德修养的含义

道德修养是人的道德活动形式之一，是个人自觉地将一定的社会道德要求转变为个人道德品质的内在过程。不同社会、时代和阶级的道德修养有不同的目标、途径、内容和方法。

道德修养是我国源远流长的历史传统，是公民道德教育的基本内容，是社会主义市场经济的要求和原则。诚信作为公民道德规范，其基本内涵是诚实、不欺骗、遵守诺言。它是人的一种最重要的品德之一，是一个社会赖以生存和发展的重要条件。

中国先秦时期的儒家就十分重视道德修养，以后经过历代思想家的继承发挥和不断完善，形成了源远流长、内容丰富、自成体系、独具特色的道德修养理论。这一理论把个人的道德修养同齐家、治国、平天下结合起来，认为"物有本末、事有终始"，一切都要从修养个人的品德做起，只有修身才能齐家，然后才能达到治国、平天下的目的。儒家创始人孔子曾说，他最担忧的是"德之不修"，即不重视自己品德的修养，提出了"修己以敬、修己以安百姓"的理论，并强调"内省"的修养功夫，要求他的学生曾参每日"三省"自身。孟子进而指出，人们经过坚持不懈、诚心诚意的修养，就可以产生一种"至大至刚"的"浩然正气"，达到"富贵不能淫、贫贱不能移、威武不能屈"的道德境界。宋明时期的理学家们继承和发展了先秦以来儒家的道德修养理论，尤其在修养方法上强调"居敬穷理"和"省察克治"。明清之际的思想家颜元等人则进一步强调"习行"在道德修养中的重要作用，认为只有在"习行"中才能迁善改过，达到提高人的道德品质的目的。中国历史上的道德修养理论同儒家的忠、孝等道德规范相结合，并经过统治阶级的大力宣传和推行，曾经对维护和巩固封建社会的经济政治制度发生过重要作用，同时，其中也包含着中华民族有价值的道德遗产的重要成分。

在西方，从古希腊的赫拉克利特开始，就十分强调道德上的自我教育。他认为"与心作斗争是很难的"，并说"教养是有教养人的第一个太阳"。德谟克利特进一步提出一个人能在与自己思想的斗争中取得胜利，即意味着他在道德上的进步。亚里士多德更是把教育和修养看作是人们能否具有美德的重要条件。中世纪的基督教神学家们则把道德修养理解为在上帝面前对自己的罪行所作的忏悔。文艺复兴运动后，资产阶级在反对封建禁欲主义，强调个性解放时，虽然也注意道德教育，但一般都忽视了道德上的自我修养。

马克思主义的道德修养论认为，道德修养对于纯洁人们的道德意识、培养人们的道德品质、形成人们的道德行为，进而达到理想的道德境界，具有重要意义。共产主义道德的一个基本任务，就是要使其原则和规范转化为人们的内心感情和信念，并付诸实践。道德修养是促使这种转化的最重要的道德活动。

商业道德修养，是从业人员依据商业道德原则、规范，在道德品质、道德意志、道德习惯等方面进行自觉的自我培养、自我改造、自我陶冶的道德实践活动过程，以及经过长期的努力而达到的商业道德境界。[2]

二、努力锤炼个人品德与商业道德修养

商业道德修养最终要落实到提高个人品德上，加强个人品德建设贯穿于商业行为的自律过程中，并在此过程中提高修养水平。

（一）个人品德与商业道德修养

个人品德是通过个人自觉的道德修养和社会道德教育所形成的稳定的心理状态和行为习惯。它表现为个体对某种道德要求的强烈认同，有道德情感的充分表达，对社会道德规范的执着遵从。

个人品德具有这样一些特点：其一，实践性。个人品德不是个人的某种先天禀

---

〔2〕纪良纲.《商业伦理学》273 页. 北京：中国人民大学出版社，2005 年

赋，而是个人在社会实践中锤炼而成的一种特殊品性，它是社会道德要求的内化或体现，反映着活生生的现实生活的内容，展示着现实社会的道德风尚。其二，综合性。个人道德品质不是零碎的个人生活片段，而是个人的道德认识、道德情感、道德意志、道德信念、道德行为的综合体现。这些要素相互联系、相互依存、相辅相成，渗透并影响个人道德生活的方方面面。其三，稳定性。个人品德不是临时的、短暂的道德现象，它一经形成，就会长时间地影响人的知、情、意、行各个方面，使人形成一定的道德思维或评价"定势"、道德意志力和道德行为习惯。

在现实生活中，个人品德的功能和作用主要体现在两方面。首先，个人品德对社会道德的发展变革产生重要的推动作用。社会道德要求只有同个人道德相结合，才会转变为现实的道德力量。同时，个人道德提升的过程，也是能动地作用于社会道德的过程，它能够为社会道德的发展进步创造条件、提供动力。其次，个人品德是个人实现自我完善的内在根据。个人在行为过程中整合行为动机、确定行为目标、自我调控行为过程等，都是个人品德功能和作用的体现。

锤炼个人品德首先应加强个人道德修养的自觉性。个人在道德意识、道德行为方面，自觉地按照一定社会或阶级的道德要求所进行的自我审度、自我教育、自我锻炼、自我改造和自我完善的活动，被称为道德修养。道德修养体现在一个人的世界观、人生观和价值观上，体现在一个人的工作、生活和社会交往上，在商业行为中也有着完整的体现。

现实社会中总是存在着两种或多种对立道德体系或观念的冲突和斗争，这些冲突和斗争必然会反映人们的内心世界。道德修养的实质，就是在这种冲突中作出选择，道德修养有助于正确解决商业道德要求与个人选择能力和践行能力之间的矛盾，培养高尚的道德品质和道德情操，适应社会进步和个人完善的需要。

（二）加强商业道德修养，借鉴历史有效的道德修养方法

加强道德修养，还应借鉴历史上思想家们所提出的各种积极有效的商业道德修养方法，结合当今社会发展的需要和当代人商业道德修养的实践经验，采取一些行之有效的方法来进行商业道德修养。

商业道德修养并不是脱离实际的闭门思过，而是与社会实践相联系的个体道德上的自我反省和自我升华。与社会实践相联系，是进行商业道德修养的根本途径。因此，商业道德修养要与道德主体改造客观世界和主观世界的实践活动相联系，与道德主体具体的道德行为相联系，与道德主体的全部道德实践过程相联系。如向新儒商精神学习，进一步在实践中提升个人修养和素质。从孔子时代的子贡、明清之际的晋商、徽商到当代中国改革开放的成就，及以"亚洲四小龙"为代表的东亚经济的崛

起，以儒家的"经世致用"哲学在经济领域的成功运用，形成了源远流长的儒商文化。

儒商文化提倡建立在道德基础上的经济发展，有人认为，具有现代人文道德的、有社会责任感的，又具有现代管理能力的、有创新意识的企业家，就是现代儒商。

现代儒商应该具备以下几个主要特点：一、以德为立身之本；二、坚持实践"利"与"义"相统一的价值观；三、勇于竞争和善于竞争；四、实行以人为本的管理；五、具有开拓创新的意识和能力。这些是现代儒商必须具备的最基本的素质，但不是他们的全部素质。

徽商这一个商人集团的崛起应视为儒商的真正出现标志。他们有明确的以儒家道德观念经商的主张，也有"以儒商饬商事"的实践，认为"良贾何负闳儒"、以亦儒亦商为尚，在商业实践中，把诚实守信、"君子爱财、取之有道"、"仁、义、礼、智、信"等等儒家的道德准则作为商德，做人和经商并重，以做人的追求来经商、在经商的过程中体现做人的原则。这使得徽商集团普遍具备了即以今天的眼光来看也是进步的商德。在很多徽商身上，体现了很强的道德修养，其道德自觉和自律在我国商业文明开始之初就达到了令人赞叹的水平，实在是因为它根植于儒家的沃土之上，是一种纯粹本土化的文明。

文化，特别是商业文化，是经济的反映，而经济是文化的基础。什么样的经济会产生什么样的文化，文化也反过来作用于经济，健康的文化对经济起促进作用，落后的文化则对经济起阻碍作用。儒商文化从它诞生和日益明确起，就对规范商业行为起着积极作用，这说明在我们这个古老的国度里，虽然我们的商业文明没有达到西方那样一种发达程度，但我们的商业文化精神却丝毫不落后于西方发达国家。如今进入了商品经济时代，要使我们的经济健康有序地发展，必须提倡儒商精神、提倡进步的商德，否则，我们的经济不可能得到健康有序、持续稳定的发展。

商业行为从来都具有两面性，一则促进了商品的流通，激发了商品生产，带来了社会繁荣。但另一方面，商人的趋利又有不择手段、唯利是图的自发倾向。儒商精神既能纠正商人唯利是图之偏，这就使得这种精神在整个商品社会都会起到历久弥新的重要作用。荣氏企业创办人之一的荣德生曾说："古之圣贤，其言行不外《大学》之明德，《中庸》之明诚，整心修身，终至国治而天下平。吾辈办事业，亦犹是也，必先正心诚意，实事求是，庶几有成。若一味唯利是图，小人在位，亦则虽有王明阳，亦何补哉？"从这段话中，我们不难看出儒商的一些追求。首先，荣德生先生作为一代儒商，他有这样一种意识：做一名好的商人，同时要做一名有道德的高尚的人，两者必须统一于商业行为之中，否则就会"一味唯利是图"，只能是"小人在位"。其次，既要做一名好的商人，又要做一名高尚的人，实现的途径是向"古之圣贤"和儒家思想汲取营养，要"明德"、"明诚"，"整心修身"，实事求是，而不能见利忘义，这样，"吾辈办事业"才"庶几有成"。这正如明代大思想家王明阳在《大学问》中所指出的："商贾虽终日作买卖，不害其为圣贤"，"其归要在有益于生人之道"，只要他们在商业行为中能"致良知"，能恪守儒家教义就行。

儒家文化是影响了中国 2 500 多年的本土文明，是根植于本土的优秀商业文化。儒家思想深刻地影响着国人的思想方式和行为方式。社会实践业已证明，儒家文化已经推动了"亚洲四小龙"的经济腾飞，也使得世界华商在全球经济格局中扮演越来越重要的角色。我们有理由相信，儒商文化作为一种进步商德，在商战重于兵战的今天，将对经济秩序的稳定、经济的繁荣和发展将会起到越来越重要的作用。

商业道德修养是一个人综合素质的重要方面，是一个人价值观在商业道德领域的集中体现，是多方面的道德意识、道德品质、道德情操、道德信念、道德意志力、道德觉悟等道德要素的综合体，它需要长期学习、长期坚持，才能真正成为一种境界。

本章小结

商业伦理教育是个人素质提升的方式和过程，首先明确商业伦理教育的作用体现在以下几方面：伦理道德的呈现、帮助员工树立正确的道德理念、思维及习惯、强化员工的责任意识、促进商业人员的个体完善、维护社会的经济秩序，促进社会生活稳定发展、企业文化建设的道德内涵、对中国传统伦理道德的一种批判性继承。

在实施商业伦理教育之前和过程中，要掌握企业经营的商业伦理道德准则：诚信原则、义利并重原则、互利互惠原则、公平原则、集体主义原则、尊重人原则、和谐原则、不断进取原则。

商业伦理教育的方法：正向的引导作用、示范作用、警示作用、个人反省和自律。

认真学习和借鉴儒商在道德修养上的理念和表现，提升个人商业道德修养。

同步练习

一、单项选择题

1. "教养是有教养人的第一个太阳"这句名言是（　　）说的。

A. 赫拉克利特　　　　　　　　　B. 亚里士多德

C. 德谟克里特　　　　　　　　　D. 苏格拉底

2. （　　）是商业伦理教育的错误方法。

A. 反向的引导方法　　　　　　　B. 示范方法

C. 警示方法　　　　　　　　　　D. 个人反省和自律

3. "物格而后知至，知至而后意诚，意诚而后身修，身修而后家齐，家齐而后治国，国治而后天下平"等这样的伦理价值观出自中国文化典籍——（　　）。

A. 《中庸》　　　　　　　　　　B. 《大学》

C. 《孟子》　　　　　　　　　　D. 《论语》

4. 提出了"修己以敬、修己以安百姓"的理论，并强调"内省"的修养功夫，要求他的学生每日"三省"自身的是（　　）。

A. 孔子　　　　　　　　　　　　B. 孟子

C. 韩非子　　　　　　　　　　　D. 墨子

5. 个人品德不具有（　　）特点。

A. 实践性　　　　　　　　　　　B. 综合性

C. 稳定性　　　　　　　　　　　D. 多变性

二、多项选择题

1. 实施商业伦理教育的必要性和迫切性表现在（　　）。

A. 加强员工商业伦理道德教育是时代的要求

B. 加强员工商业伦理道德教育是发展市场经济的要求

C. 加强员工商业伦理道德教育是提高现代企业管理人才素质的要求

D. 重视员工商业伦理道德教育是实现经济全球化发展的要求

E. 商业伦理教育是现代商业伦理建设的重要途径

2. 企业经营商业伦理道德准则有（　　）。

A. 集体主义原则　　　　　　　　B. 诚信原则

C. 义利并重原则　　　　　　　　D. 互利互惠原则

E. 公平原则

3. 现代儒商应该具备以下（　　　）特点。

A. 以德为立身之本；

B. 坚持实践"利"与"义"相统一的价值观；

C. 勇于竞争和善于竞争；

D. 实行以人为本的管理；

4. 企业伦理守则在以下（　　　）方面显示了其积极意义。

A. 有助于解决企业中某种部门职员所面临的特定问题。

B. 迫使企业中的员工以一种新的方式，通过自己的工作对公司、他人或顾客、社会整体履行相应的义务，并认真思考自己的使命。

C. 可以对已经制定的准则进行讨论和修改，使其更加完善。

D. 有助于将责任的前景、以道德的观点看待自己的行为的必要性、培养与其职位一致的美德的重要性等理念灌输给各个层次的新员工。

5. 诚信对于企业经营商业活动的作用包括（　　　）。

A. 正常交易关系以建立良好道德心理的前提

B. 可以大大减少交易成本

C. 交易关系得以长期维系的道德条件

D. 可以在贸易伙伴那里得到特殊权力

三、简答题

1. 商业伦理教育的作用体现在哪些方面？

2. 诚信原则有哪些具体要求和表现？

3. 企业经营商业伦理道德准则包含哪些内容？

四、案例分析题

明代中叶至清乾隆末年的 300 余年，是徽商发展的黄金时代，无论营业人数、活动范围、经营行业与资本，都居全国各商人集团的首位。当时，经商成了徽州人的"第一等生业"，成年男子中，经商者占 70%，极盛时还要超过。徽商的活动范围遍及城乡，东抵淮南，西达滇、黔、关、陇，北至幽燕、辽东、南到闽、粤。徽商的足迹还远至日本、暹罗、东南亚各国以及葡萄牙等地。

徽商经营行业以盐、典当、茶木为最著，其次为米、谷、棉布、丝绸、纸、墨、瓷器等。其中婺源人多茶、木商，歙县人多盐商，绩溪人多菜馆业，休宁人多典当商，祁门、黟县人以经营布匹、杂货为多。

徽商除了从事多种商业和贩运行业外，还直接办产业。休宁商人朱云沾在福建开采铁矿，歙县商人阮弼在芜湖开设染纸厂，他们边生产边贩卖，合工商于一身。徽商经营多取批发和长途贩运。休宁人汪福光在江淮之间从事贩盐，拥有船只千艘。一些富商巨贾，还委有代理人和副手。徽商还使用奴仆营商，休宁人程廷灏曾驱僮奴数十人，行贾四方。徽商在经营中注重人才，做到知人善任，注重市场行情，实行灵活经营。有一业为主兼营它业的；有根据不同行情、季节变换经营项目的。

徽商讲究商业道德，提倡以诚待人，以信接物，义利兼顾。以勤奋和吃苦耐劳而著称，在外经营，三年一归，新婚离别，习以为常。徽商商而兼士，贾而好儒，与封建官僚混为一体，或相互接托。他们除以"急公议叙"、"捐纳"和"读书登第"作为攫取官位的途径外，还以重资结纳，求得部曹守令乃至太监、天子的庇护，享有官爵的特权。一些徽商本人不能跻身官僚行业，就督促子弟应试为官，自己也就成为官商。

请思考：

1. 从以上对徽商的历史介绍中，谈谈你对商业道德修养内涵的看法。

2. 请问对你有什么启示？

第九章　商业道德约束

学习目标

※ 了解商业道德的他律方式
※ 理解商业道德风险的种类和避免商业道德风险的方法

章首案例

案例描述：

波士顿的新英格兰银行，资产超过 200 亿美元。20 世纪 80 年代，其 30％以上的贷款都投在了商业性房地产上。随着新英格兰地区房地产价格的下跌，该银行亏损额大，将要倒闭，存款人在 48 小时之内提取了 10 亿美元以上的资金。

联邦存款保险公司采取了"大银行难以倒闭"的政策。1 月 6 日星期天晚上，联邦存款保险公司开始介入，制止了银行的挤兑活动，并同意担保新英格兰银行所有的存款，包括那些超过 10 万美元保险限额的存款。为了确保储户不受损失，需要找一个买主来购买和接管该行，而在此之前，为了维持该银行的正常运行，联邦存款保险公司创立了"过渡银行"。在这种安排中，联邦存款保险公司创立了一个新公司负责银行运行，并立即注入资本金（给新英格兰银行注入 7.5 亿美元）。此后，联邦存款保险公司和该银行的购买者不断给银行注入新的资本，直到收购者全部买下联邦存款保险公司的份额。这些交易活动的结果是联邦存款保险公司花费 23 亿美元挽救了新英格兰银行。这在联邦存款保险公司的历史上，是第三大成本昂贵的挽救行动。

案例评析：

联邦存款保险及其"大银行难以倒闭"的政策刺激银行从事高风险业务，加大了倒闭的可能性。但这种存款保险最严重的弊端来源于道德风险和逆向选择。保险的存在增加了对冒险的刺激，这会导致赔付。存款保险产生的道德风险和防止银行倒闭的意图已经使银行监管者陷入进退两难的困境。银行的监管者自然不愿意大银行倒闭，使得存款者蒙受损失。而政府实行"大银行难以倒闭"政策带来的一个后果是增加了大银行道德风险的动机。

第一节　避免商业道德风险

一、商业道德风险

"道德风险"一词最早出现在保险业。保险行为中有一个重要的事实，即是受保险保障的人会因为已经投保而有意识或无意识地由于懈怠而做出增加风险的行为，从而会将损失变为被保险人的关心水平的函数，使得可保风险变为不可保风险。近年来，道德风险概念的运用已经延伸到现实经济生活中的诸多领域，成为经济学中的常用术语。道德风险，是指经济代理人在使自身效用最大化的同时，利用不对称信息条件下的信息优势损害委托人效用的行为。在市场经济中，道德风险是一种普遍的现象，它实质上是经济人对自身的隐藏信息采取的理性反应。

从商品流通的角度看，社会劳动分工使不同流通环节的商品交换者之间产生了巨大的交易信息差别。一个显而易见的事实是，在不同流通环节的交易者之间，本环节的交易者所掌握的本环节的信息要多于其他环节的交易者所了解的本流通环节信息。这样，不同流通环节的交易者在不同的信息领域产生了不同的信息优势和信息劣势。信息优势和信息劣势的出现，意味着信息不对称的存在。

在商品流通过程中，商品交易信息在生产商、中间商、消费者等不同经济主体之间的分布是不对称的。其中拥有较多信息的一方就有可能利用信息优势破坏正常的商品交换，从而引起商业道德风险。这里的商业道德风险主要是指商品流通中拥有较多信息的一方利用信息优势谋求私利而故意破坏公平、诚信的商品交换。

因此，我们认为商业道德风险是在商品流通中，交易主体一方决策时所面临的因其他主体在机会主义动机的假设下，凭其掌握较多信息做出不利于此方的道德方面的风险。

二、商业道德风险的种类

商品领域的商业道德风险一方面表现为逆向选择；另一方面表现为商业欺诈，

包括隐藏信息的道德风险和隐藏行为的道德风险。

（一）逆向选择

逆向选择，是指在价格水平一定的条件下，信誉好、质量高的交易对象会退出交易，而信誉差、质量低的交易对象会大量涌入，即所谓"劣质品驱逐优质品"现象。这方面典型的事例就是二手车市场上的商品交换。"二手车市场"也称"次品市场"，是商品市场的一个特例，但它可以清楚地说明由于事前信息不对称以及销售方的故意隐瞒导致逆向选择的后果。二手车的卖主对汽车的质量了解得很清楚，而买主对具体某辆汽车的质量并不清楚。但是假定，虽然买主并不知道具体一辆二手车的真实性能怎么样，即缺乏一阶信息，但是可以利用他们对二手车市场二手汽车"总体"质量水平或"平均"质量水平的了解作出有根据的猜测，也就是说，他们掌握二阶信息。这是可能的。

卖主掌握一阶信息，买主掌握二阶信息，那么市场交易将如何进行呢？我们用简单的例子来说明。假定有 1 000 辆二手车可以出售，第一辆"最差"的二手车质量为"1"，第二辆"次差"的二手车质量为"2"，以此类推，一直到第 1 000 辆最好的二手车质量为"1 000"。并且假定大家都同意质量为 15 的车应该卖 150 元，质量为 763 的车应该卖 7 630 元，以此类推。看起来，交易可以在非常合理的情况下进行。但是现在信息不对称，主要是买主只掌握二阶信息，不掌握一阶信息，也就是说，买主只知道二手车的平均质量，不知道每辆车的具体质量。既然这样，买主顶多按照二手车的平均质量水平出价。那么，1 000 辆车的平均质量水平是多少呢？按照 $1+1\,000=1\,001$，$2+999=1\,001$，$3+998=1\,001$，$\cdots$，$499+502=1\,001$，$500+501=1\,001$，马上可以算出平均质量水平是 500.5，所以买主的出价应该是 5 005 元。

但是，卖主对于自己的二手车的质量是完全清楚的。因为买主出价是 5 005 元，所以，肯拿出来卖的就是质量水平不高于 500.5 元的那 500 辆车。这样的交易会成功吗？不会。原来买主肯出 5 005 元的价格，是因为可能买到的车的平均质量水平是500.5。但是由于出价是 5 005 元，肯拿出来卖的就是质量水平不高于 500.5 的那 500辆车，用和上面同样的方法可以计算出，它们的平均质量水平只有 250.5，如果出价是 5 005 元就很不合算了，因此很自然地，买主要把价钱降低到 2 505 元。买主的出价降低到 2 505 元，卖主肯定要做出反应，不但质量水平在 500.5 以上的车不肯拿出来卖，就是质量水平在 250.5~500.5 之间，原来当出价是 5 005 时肯卖的车，现在也不肯卖了，于是肯拿出来卖的只剩下平均质量水平更差的车。

肯卖的车的平均质量水平每下降一步，只有二阶信息的买主的出价自然就相应降低一步；但是出价降低了，肯拿出来卖的车的平均质量水平又要下降，于是买主的出价又要下降，如此循环，结果交易根本做不成。这就是信息不对称造成的二手车市场的逆向选择。就这样，卖主掌握一阶信息但是买主只掌握二阶信息，这种信息不对称现象，瓦解了二手车市场交易。

逆向选择中的商业道德问题在于，卖主既然知道自己商品的质量，按照公平交换原则，就应该将商品的真实信息告知买主，然后通过讨价还价来达成交易。正是由于卖主隐瞒商品真实信息，破坏了公平交换，导致逆向选择。

（二）商业欺诈

商业欺诈，是指经营者在提供商品或服务的商业经营过程中，为谋取商业利润，利用商业信息不对称，采取虚假或其他不正当手段，欺骗、误导消费者，使消费者的合法权益受到损害的行为。

商业欺诈一般应具备以下几个要件：

（1）商业欺诈的主体是经营者。经营者在经营活动中运用隐瞒事实真相、编造故事等欺诈手段，骗取交易对方当事人的信任而达成交易，损害对方当事人的利益。

（2）存在着欺诈的事实。经营者在经营活动中通过隐瞒事实真相、编造事实等手段，企图骗取交易对方当事人的信任，实施了欺诈行为。至于交易对方当事人是否被骗，是否经过与实施商业欺诈的经营者达成交易则可以不问。

（3）实施商业欺诈的经营者主观上是故意，且有谋取非法利益的目的。经营者明知自己隐瞒事实真相、编造事实等行为可能给交易对方当事人的利益造成损害，但为了谋取非法利益，仍然实施或佯装不知。

商业欺诈突出表现为促销欺诈和价格欺诈两种类型。

（1）促销欺诈，表现多种多样，如发布虚假广告，或在广告中使用含混不清的词语误导消费者；人员推销时采取不正当手段迫使顾客购买；还有的借"有奖销售"之名，搭售劣质、滞销产品，凡此种种，无一不是利用消费者的信息劣势地位来达到目的的。

（2）价格欺诈，主要形式有暴利和虚假降价两种。在现实中主要是中间商对消费者进行的欺诈。这是因为，生产者与中间商之间的交易是在信息基本对称的情况下进行的，价格欺诈难以成功，而消费者对生产者和中间商的成本知之甚少，从而容易为中间商所欺骗。而且，在垄断竞争情况下，由于产品差异的存在，消费者也难以通过同类产品的比较作出正确的选择。商业欺诈一方面严重侵犯了消费者的合法权益，另一方面严重扰乱了正常的市场秩序，对市场经济的发展和完善造成了障碍。

三、避免商业道德风险的方法

（一）信息搜寻与决策

　　信息不对称是商业欺诈的根源。那么是否可以通过消除信息不对称来消除商业欺诈呢？事实上，完全消除信息不对称是不可能的。但是，通过信息搜寻来降低信息不对称程度，有助于减少遭受商业欺诈的可能性。

　　假定消费者最多只能买一个单位的商品。理性的消费者为使其消费剩余最大化，就要尽可能寻找到所买商品的市场最低价，并以这种最低价购买。这样，消费者通过搜寻信息来降低信息不对称程度，从而减小遭受欺诈的概率。例如，如果一个消费者随便走进一家商场，看到他所需要的商品便购买而不考虑其价格合理性，他很可能被欺诈，而他只要多走几家商场便可知市场行情从而不易受欺诈。那么，是否可以说，搜集的信息越多对消费者越有利呢？回答是否定的。比如，消费者为了避免价格欺诈不可能跑遍当地所有零售店去搜集商品的所有价格。因为，信息的寻找与获取是有成本的，信息成本的具体表现便是消费者进行信息搜寻而花费的时间和费用，花费的时间越多，费用越高，则信息成本越大。信息的搜集并不是越多越好，当消费者的调查超过一定限度后，其信息成本就会高于他所购买商品"消费者剩余"的价值，也即高于获取信息所增加的收益。下面用图解的方法来说明信息成本与搜集信息所增加的收益之间的关系。这里用时间变量作自变量，信息成本或信息增加的收益作因变量，信息成本与信息增加的收益关系如图 9-1 所示。

　　由图 9-1 可知，在搜寻的起始阶段，搜寻信息的收益增长较快，然后收益增长逐渐放缓。搜寻信息的收益线与成本线相交于 A 点，对应的时间是 B。在 B 点以左，搜集信息带来的收益大于搜集信息的成本，消费者处于受益地位；在 B 点以右，搜集信息的成本大于信息带来的收益，此时消费者转到受损地位。因而又称 B 点为受益受损转折点。

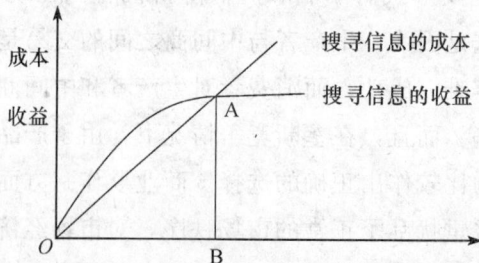

图 9-1　信息成本与信息增加的收益关系图

增加信息搜寻可以降低信息不对称程度，但超过一定限度反而会受损。那么，如何把握好受益受损转折点这个"度"呢？假定搜集信息的边际成本一定，由于信息的边际收益递减，故其边际利润也呈递减趋势。但只要边际利润为正，信息的搜集便是有利于消费者的。当信息的边际利润为零时，总利润最大，使得边际利润为零的点便是消费者最佳决策点，如图 9-2 中的 T 点所示。

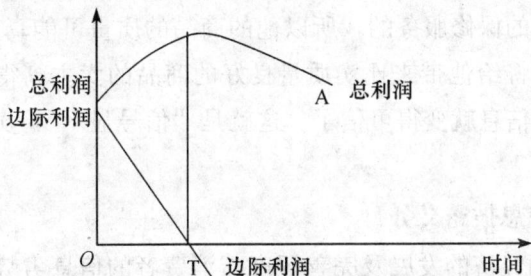

图 9-2　总利润与边际利润收益关系图

图 9-2 说明，搜寻信息所带来的利润为信息增加的收益减去信息成本的余额，边际利润，指每增加一次信息搜寻所增加的利润，在量上等于边际收益减去边际成本的差。这里的 T 点为理论上的消费者最佳决策点。

（二）知情权与信息传递

为了减轻交易信息不对称及由此引起的商业道德风险，从消费者角度看，消费者可以通过依法行使知情权、不断学习消费和交易经验等方法提升自己的交易信息水准；从销售商角度看，政府及有关组织可以建立有关商品和交易的法律法规，强化卖方的信息披露义务；另外，媒体和公众的社会监督对于弱化信息不对称同样十分重要。

1. 消费者依法行使知情权

《中华人民共和国消费者权益保护法》规定，消费者有权要求经营者提供商品的价格、产地、生产者、用途、性能、规格、等级、主要成分、生产日期、使用方法说明书、售后服务等与商品有关的要素。对于接受的服务，有权获知服务的内容、规格、费用等真实情况。商家如果提供虚假情况加以误导，使消费者遭受损失，消费者可向其索赔。

2. 消费者学习

在垄断竞争的流通领域，消费者的信息劣势地位显而易见。因此，政府及消费者协会等有关组织有必要向广大消费者传播消费知识、消费经验，培养其消费技能，倡导科学消费观念，提高其素质，使其能够更好地保护自己的利益。同时，消费者也可以主动学习有关交易和消费知识和相关规定，将遭受商业欺诈的可能性降到最低。

3. 建立有关标准规定，会在一定程度上减少信息问题可能带来的危害

质量认证或保修证书是告知买主有关商品质量的有效方法。如果一个卖主提供诸如"本公司对销售的商品保修三年"的保证，那么买主将这样推理："卖次品的卖主是不可能提供这样的保修服务的，所以他的商品的质量可能真的不错"；卖次品的卖主如果实行保修，将给他带来比卖质量良好的商品的卖主高得多的维修成本。这样，保修证书传递的信息就变得可信了。这就是"信号显示"，卖主可以通过它传递潜在可信的信息。

4. 强化卖方的信息披露义务

一般而言，流通经济的发展及完善程度与消费者的信息劣势地位的改善并无因果关系，因此，必须以法律形式规定卖方的信息披露义务。除了现有的在包装上标明成分、产地、日期等信息外，还应当进一步增强信息透明度。若有不按规定披露信息或发布错误信息者，应承担由此而造成的一切损失。

5. 对卖方规定更严格、更明确的责任

目前，我国已出台了一系列规范商业活动的法律法规，在立法上已成体系。问题在于，对卖方在经营活动中违反法律应承担的责任，或是规定得太笼统，或是规定得太轻。前者必然造成实际操作中的弹性过大，增加法律实施成本，同时也为地方保护主义的发展提供了空间；后者则会使法律缺乏约束力，这是因为信息不对称状况的存在使卖方在交易中欺诈行为失败的可能性较小。所以在规定惩罚措施时，不仅要考虑到特定事件中对某一或某些消费者造成的损害，还要考虑到违法行为被发现的概率，只有这样，方能使占据信息优势地位的卖方因感到欺诈行为的成本过高而不愿采用。

6. 媒体的监督

要让进行商业欺诈的商家承担虚假信息的后果，使其信誉受到损失，新闻媒体要承担舆论监督的责任。电视台、报纸等媒体应该积极主动地公开披露商家的商业欺诈行为和其他侵害消费者权益的行为，这一方面是对商家的警告，另一方面将唤起消费者的维权意识。

（三）自我约束与信誉机制

要想从根本上消除商家对消费者的欺诈行为，必须使商家树立诚信意识，强化商业道德建设，增强自我约束力。商家通过建立良好的信誉，提高顾客满意度，从而培养起忠实的顾客。这个观念的转变，是商家进行自我约束的关键。

信誉，是指在进行交易的双方当中，信息优势的一方对信息劣势一方作出的一种保证和承诺。如果一方的信誉程度很高，即使信息是不完全或者是不对称的，信息劣势方也会相信信息优势方所提供的信息是真实的、有保证的，因此信息不对称引发道德问题的概率就会降低。在网络贸易领域，建立信誉制度，防范网络道德风险，建立良好的信誉机制十分重要。如果网络贸易经营者的信誉程度很高，客户（或消费者）会认为该经营者提供的商品和服务的质量较好，从而削弱了信息不对称对电子交易活动的影响，减少了逆向选择行为和道德风险的发生，那些信誉度不良的网络贸易经营者就会逐渐被迫退出市场。

第一节　　商业道德他律

一、商业道德他律的含义

他律，是指人的道德判断受他自身以外的价值标准所支配。具体地讲，是指接受他人约束，接受他人的检查和监督。道德他律，是指依靠外部力量，使人接受一定的道德观念和履行诺言所体现的道德规范，并依据社会舆论、社会奖惩等为动力，促使人在思想上和言行上循规蹈矩。商业道德他律，是指商业道德凭借其自身特有的职能，将商业规范、律令、指示导向等广泛运用于商业道德调节、商业道德评价和商业道德教育之中，由外在必然性、外在根据和要求来支配经济主体行为的过程。

他律具有权威性、强制性、约束性、被动性、他教性等特点。目前的道德现状表明，强化商业道德他律的作用机制，是提高道德的权威性，最终实现良好商业道德风尚的基础。因此，要通过他律途径来增强道德的约束力和商业道德行为后的奖惩，从而为商业从业人员日后的职业道德行为给予正确的导向，健全和完善商业道德体系。

二、商业道德他律的形式

（一）舆论监督奖惩化

舆论监督，是人们依据商业道德规范，对商业道德行为表明的褒贬评判，对善的商业道德行为给予褒扬，对恶的商业道德行为给予贬斥，从而起到舆论监督作用。

舆论监督是对职业人员施以精神影响的手段，它不像行政制度、法律约束那样具有极大的强制作用，但它是依靠社会舆论和人们的良心等力量来起作用的。社会舆论所褒，使人获得巨大的支持力量；社会舆论所贬，使人受到沉重的压力。它有形无形地影响着人们的心理，以精神的力量调控着人们的心理和行为，并且，行政制度和法律约束的范围，舆论监督都可以涉及，而前两者不能及的范围，舆论监督也能发挥作用。因此，来自舆论的压力是最主要的奖惩方式。

如何更好地发挥商业舆论监督在商业道德行为后的奖惩作用呢？

首先，成立行业道德评议委员会。各商业组织根据各自的实际情况，设立不同形式的行业商业道德评议委员会，有的可以在职代会中设立，有的可以单独设立。其成员可以是兼职的，也可以是专职的；或者少数委员是专职的，多数成员是兼职的。成立了商业道德评议委员会，就能够使道德褒贬从自发的到有组织的、从分散的到集中的。这样，就能够对商业从业人员的善恶是非进行严格而公正的评判，嘉奖真善美，贬斥假恶丑，通过舆论对其道德褒贬来形成一股强大的力量。

其次，制定一套行之有效的商业道德监督办法。注意调查研究，及时搜集商业道德方面的信息，如商业道德行为的现状及存在的不正之风、商业道德行为价值趋向、商业道德建设中的道德榜样。商业道德信息是有效地进行道德褒贬的重要依据，因此，了解商业道德信息应力求全面、系统、客观、真实。对于在群众中确有良好影响的道德行为，应及时宣传、倡导，对在群众中产生不良影响的职业道德行为，应动员舆论力量进行群众评议，予以谴责。少数人以权谋私、弄虚作假、贪污受贿的败德行为严重阻碍了商业道德的建设，在抓住企业高层领导人员职业道德行为这个根本问题同时，要注意与其他教育形式相结合，如与行政规章制度教育、法制教育相结合，还要结合职业技能培训来进行，这样就能够产生合力效应。

最后，商业舆论监督应当致力于呼唤商业从业人员的道德责任感和知耻心，这是舆论监督的出发点和归宿点，因为道德责任感和知耻心能够使人们自觉地择善避恶或改恶从善。因此，在褒扬善行的同时也要贬斥恶行，使人们对善行的体验产生一种责任感，对恶行的体验产生一种知耻感；只有通过褒贬商业道德行为动机的善恶，才使人们不仅产生对行为后果善恶的责任感，而且产生动机善恶的责任感。

（二）行政管理制度化

行政制度，就是商业组织依据商业道德规范和相应的行政管理制度，对商业活动进行管理的办法。商业道德规范往往蕴涵于行政机关的各种规章制度之中，因此，对职业道德行为给予褒贬的同时，也给予行政奖惩是理所当然之事。各商业组织应根据各自的实际情况，切实制定符合商业道德规范的相应管理制度及奖惩办法，并坚决认真地实施，以便有助于职业道德行为的调控，有利于生产效率、工作效率的提高。只有做到以下几点狠抓商业行为后的行政奖惩，才能收到良好的效果：

1. 奖励与惩罚相结合

商业道德行为后行政奖励与惩罚，在对符合商业道德规范要求的行为给予奖励时，也要同时对违反商业道德要求的行为给予惩罚。如果只有前者而无后者，或者只有后者而无前者，这种奖惩是不全面的，也是不科学的。因此，奖励与惩罚相结合，正强化和负强化同时起作用，比只奖不罚好，也比只罚不奖好。

2. 个人奖惩和集体奖惩相结合

现代化大生产的特征之一是专业化分工，各环节高度协同。任何一个工作岗位要取得良好的工作业绩，没有相关岗位创造良好条件和各方的团结协作是不可能的，同时，每一个人也必须充分发挥各自的主观能动性。团结协作和个人主观能动性的发挥，是一个事物的两个方面，缺一不可，构成了一个整体。因此，个人奖惩与集体奖惩相结合，既强调了个人主观能动性的重要，也强调了团结协作的重要，这种奖励，能够发挥整体效能的作用。

3. 物质奖惩和精神奖惩相结合

人的需要具有多样性，按照需要的对象的性质，可分为物质需要和精神需要。物质奖励和精神奖励既有区别，又有联系。在现阶段，如果只搞物质奖励，往往使人的眼光局限在个人眼前的物质利益上，斤斤计较个人得失，难以激发人们长期主动地履行职业道德义务的积极性，必然降低物质奖励应有的作用。精神奖励能够激发人的进取精神，引导人们目光远大，道德情操高尚，升华道德境界。但是，如果只搞精神奖励，把精神奖励当作万能的手段，不仅超越历史阶段，同样也会削弱精神奖励应有的作用。因此，在商业职业道德行为后的行政奖惩中，应当在精神奖励的前提下，把精神奖励与物质奖励相结合，使两种奖励产生相互补充的作用。

4. 奖惩与教育相结合

商业道德行为后的行政奖惩，对于获奖者不仅予以奖励，也要给予教育，才能使先进者在成绩面前不骄傲，谦虚谨慎，不断进取。同样对于受罚者，不仅要给予惩罚，而且也要给予批判教育。因为惩罚本身不是唯一的目的，也是一种教育手段。只有加强教育，才能使其口服心服地接受惩罚，使其认识和纠正错误，弃恶从善。

5. 奖惩要平等、公正

商业从业人员在商业道德行为后的行政奖惩面前，是人人平等的，没有任何特殊的权利，符合奖励要求的应给予奖励，该惩罚的就应给予惩罚；同时，奖励必须客观公正。受奖者应确有值得奖赏的功绩，受罚者应确有值得罚处的过错，这样，受奖者才能在群众中起到榜样激励的作用，受罚者才会心悦诚服，旁观者才能获得教益。否则，奖惩不明，奖惩不公，就会产生相反的效果。除此之外，还需发动群众参加评议。评奖应该让群众参加，公开进行，这样评出的受奖者，群众才能产生心理上的认同、敬佩和学习的意向。如果受奖者是由个人决定的，由于没有群众基础，往往会引起从业人员的不满，还会挫伤他人的积极性。决定奖惩的人和事，要充分听取群众的意见，提高工作的透明度。

在实施行政奖惩时，要有积极的效果，这是商业道德行为后行政奖惩的目的。行政奖惩，不在于奖与罚本身，更重要的在于奖励的措施要产生激励的作用，惩罚的措施产生防范的作用，最终有利于商业从业人员的主动性和积极性的发挥，有利于商业道德建设，有利于社会物质文明和精神文明建设。

（三）推行道德法规化

道德和法律历来是相辅相成的，在加强商业道德建设的同时，必须加强法制建设。当然，对商业道德行为也应由法律奖惩。当前，商业道德风气没有根本好转的原因之一，就是只强调思想教育和道德教育的作用，而没有充分发挥法律强制手段的职能。于是，一些极端利己主义者，不在乎商业道德要求和道德谴责，只要不受法律的制裁，什么损公肥私、损人利己的事情都敢干。因此，商业道德行为调控，应当充分发挥法律奖惩的作用，把"德治"和"法治"结合起来，产生相互补充、相得益彰的效果，改变那种蔑视商业道德甚至践踏商业道德的倾向。

1. 建立并完善商业伦理立法

在我国，尽管还没有制定有关商业道德方面的相关法律，但是，在运用行政法规规范商业职业道德行为方面已做了不少工作，应该在此基础上，将一些事关大局、非常重要的商业道德规范通过法律程序给予法律确认和法律化，制定商业道德行为赏罚法规、赏罚条例，并且增强从业人员的法律意识，提高遵守法律的自觉性，严格依法办事，以坚决有效地制止那些严重违反商业道德法律的行为。

2. 法律奖惩要公正

商业道德行为后的法律奖惩必须坚持法律面前人人平等的原则，决不能因人而异，因钱而异。因为法律奖惩是否公正，这是关系到法律奖惩成与败的关键。所以，任何组织和个人，包括一切国家机关工作人员，都不能有凌驾于法律之上、超法律之外的特权。同时，任何公民的正当权利和合法权益都应毫无例外地受到法律保护。

3. 法律奖惩必须以事实为依据

法律规则调节人们的行为，它是以国家的强制力为保证，法律奖惩是与人们利益相关的大事，因此，商业道德行为后的法律奖惩，必须以事实为依据，以法律为准绳。而且，奖惩一定要十分慎重，不可滥施，奖太滥则无人重视，罚太滥则无人畏惧，唯有以事实为根据，慎重奖功罚过，法律奖惩的效果才能显著。

商业道德行为后的道德褒贬、行政奖惩和法律奖惩，三者既相互区别，又相互补充和相互支持。后两者是前者的坚强后盾，前者又是维护后两者的精神力量。三者相互协调，才能够充分发挥商业道德行为后奖惩的教育作用和调控作用。当然，除了奖惩外，最主要的是总结工作，因为，只有总结，才能找到经验，发现问题；只有总结，才能明确改进工作、发扬成绩、纠正错误的方向；只有总结，才能进一步加强对从业人员的商业道德教育；只有总结，才能统观全局，不失偏颇。奖惩包含在商业道德教育行为后总结工作的本意之中，自始至终体现总结工作的性质，不能脱离总结工作单纯进行，包括奖惩本身也要不断地总结，避免失误。这样，才能保障商业道德行为后的奖惩道德正效应。

本章小结

本章阐述了什么是商业道德，商业道德存在的意义以及改革开放 30 多年来，我国在经济建设迅猛发展的同时，社会主义商业道德体系应如何构建。

商业道德他律，是指商业道德凭借自身特有的职能将商业规范、律令、指示导向等广泛运用于商业道德调节、商业道德评价和商业道德教育之中，由外在必然性、外在根据和要求来支配和节制经济主体行为。本章分析了我国道德风险产生的原因，其有哪些特点，如何加强商业道德建设，通过建立健全经济法治环境，搞好商业道德教育。商业道德他律也就是指商业道德行为后的奖惩机制。它对商业道德行为具有调节作用、评价作用、教育作用和维护作用。近年来，我国的经济建设取得了巨大成就，商品经济日益发达，但经济领域的道德缺失现象却日益凸显。

在商品流通的过程中，每个交易主体可能会利用自己的信息优势，选择利己而有损于他人的行为和决策。这就会产生道德风险。一方面它表现为逆向选择；另一方面表现为商业欺诈，包括隐藏信息的道德风险和隐藏行动的道德风险。要从根本上消除卖者对买者的欺诈行为，必须强化商业道德建设，建立良好的商业信誉，增强自我约束力。在我国，诸多原因促使了道德风险的产生，而企业如何依靠法律手段和商业运作，有效地去规避风险非常重要。

商业企业道德体系集中反映了企业的经营宗旨、价值准则和管理信条。本章对此展开了探讨。企业道德是企业伦理的内化，加强企业伦理建设是一项重要的战略决策与实施过程，除了要具备独特性、持续性、延展性和显著的经济性等核心资源所必备的特点，还要考虑企业本身的非凡性，要从我国企业治理的实际和传统出发，积极探索有中国特色的企业伦理建设新路子。

同步练习

一、单项选择题

1. （　　）是在商品流通中，交易主体一方决策时所面临的因其他主体在机会主义动机的假设凭其掌握较多信息做出不利于此方的道德方面的风险。

A. 道德风险　　　　　　　　　　B. 决策风险

C. 交易风险　　　　　　　　　　D. 流通风险

2. 道德是行为的规范，也是（　　）的基石。

A. 计划经济　　　　　　　　　　B. 社会主义精神文明建设

C. 市场经济　　　　　　　　　　D. 实现四化

3. 商业职业道德的本质，就是要尊重和维护（　　）的合法权益。

A. 厂商　　　　　　　　　　　　B. 经销商

C. 公司员工　　　　　　　　　　D. 广大消费者

4. 公平首先是一个制度性范畴，指在社会利益关系中人与人之间（　　）的均衡状态。

A. 权利与权力　　　　　　　　　B. 买方与卖方

C. 利益　　　　　　　　　　　　D. 权利和义务

5. 在经济社会中，人们的经济自由主要表现在（　　）。

A. 财产权的实际占有权　　　　　B. 财产权的实际使用权

C. 财产权的自由支配权　　　　　D. 财产权的实际收益权

二、多项选择题

1. 道德风险具有以下特性（　　）。

A. 风险的潜在性　　　　　　　　B. 风险的反复性

C. 风险的长期性　　　　　　　　　D. 风险的破坏性

E. 控制的艰巨性

2. 商业道德失范的原因是（　　　）。

A. 商业价值取向错位，即商业企业的义利观发生变化

B. 对商业竞争的曲解，导致不道德行为泛滥

C. 我国政府立法特别是在商业立法方面尚不完善，执法机构不够健全，执法力度有限

D. 社会监督机制不够完善

3. 以下（　　　）属于不正当竞争。

A. 以次品冒充优等品　　　　　　　B. 以假货冒充真货

C. 故意虚高价格然后打折促销　　　D. 以低于成本价售出货品

4. 在制定企业的道德规范时应（　　　）。

A. 体现企业的核心价值观念　　　　B. 体现企业特色

C. 体现企业的经济效益　　　　　　D. 注意道德规范的操作性

E. 注重实施道德规范的管理

三、简答题

1. 在社会主义条件下，商业道德的基本内容是什么？

2. 我们应该如何规避道德风险？

3. 商业企业道德的功能及作用？

四、案例分析题

2001 年 9 月，南京知名食品企业冠生园被中央电视台揭露用陈馅做月饼，事件曝光后，冠生园公司接连受到当地媒体与公众的批评。面对即将掀起的产品危机，作为一向有着良好品牌形象的老字号企业，南京冠生园却做出了让人不可思议的反应：既没有坦承错误、承认陈陷月饼的事实，也没有主动与媒体和公众进行善意沟通、赢得主动，把危机制止在萌芽阶段，反而公开指责中央电视台的报道蓄意歪曲事实、别有用心，并在没有确切证据的情况下振振有辞地宣称"使用陈陷做月饼是行业普遍的做法"。这种背离事实、推卸责任的言词，激起一片哗然。一时间，媒体公众的猛烈谴责、企业同行的严厉批评、消费者的投诉控告、经销商退货浪潮……令事态严重恶化，也导致冠生园最终葬身商海。

南京冠生园事件曝光后，消费者心有余悸，月饼厂家则竭力保住往日声誉，仿膳、稻香村、大三元、宫颐府等月饼生产厂家都忙不迭地参加商场、协会、商委等组织的承诺活动。仿膳的赵经理说，工厂最近的生产速度也放慢了，准备看看市场走势

再决定今后的产量。宫颐府的李经理说："我们还把质检部门、卫生部门的检验报告发给商场，配着我们的月饼卖。"稻香村的池副经理说："我们的月饼都是瓣开来卖的。"

　　然而，重新培养市场信心谈何容易。仿膳、宫颐府和稻香村的负责人认为，承诺、表白解决不了根本问题，培养消费者对品牌的信任度需要一个过程，经过这件事之后，消费者对月饼会更挑剔、更谨慎，只有在实践中让消费者自己检验，在检验中重新树立起品牌形象。

　　请思考：

1. 商业道德只是企业对消费者应该负有的责任吗？
2. 商业道德被漠视可能给市场运转带来什么后果？

参考答案

第 1 章　参考答案

一、单项选择题
1. A　　　　　2. C　　　　　3. A

二、多项选择题
1. ABD　　　　2. AC　　　　3. AC

三、简答题

1. 所谓商业伦理的本质，是指商业伦理所有基本要素在内的内在联系及其包含的一系列必然性和规律性的总和。商业伦理，即是一种职业道德，具有职业道德的本质属性，同时又是一种社会道德，具有社会道德的本质属性。

2. 新中国商业伦理的特点表现为以下方面：（1）利义的统一是商业伦理最起码的要求、铁的准则；（2）"信誉高于一切"是企业的生命；（3）提供真、善、美、新的产品和服务，以满足人们不断提高的物质和精神需要，提高市场占有率，增加企业的效益；（4）让人生活更好，推进人的全面发展和社会的全面进步，成为商业道德追求的崇高目标。

四、案例分析题

1. 存在。

2. 投资者将会因为信息不准确蒙受巨大损失，长此下去导致需要评级的公司也会因为不诚信的评级公司的评级而无法募集资金，标普、穆迪和惠誉自身的发展也会受到巨大挑战。

第 2 章　参考答案

一、单项选择题

1. A　　　　　2. B　　　　　3. B

二、多项选择题

1. ABC　　　　2. ABC　　　　3. ABC

三、简答题

1.（1）它使伦理学从唯心史观的束缚中彻底解放出来；

（2）它彻底转变了伦理学服务的方向；

（3）它在广泛而深刻的意义上实现了理论和实践的统一。

2. 在跨国经济活动中，东西方文化存在着重大差异性，具体表现在以下几个方面：

（1）个人本位的竞争观与群体本位主义的和谐观的差异；

（2）人在自然观念上的差异致使在对待时间的态度上存在差异；

（3）在雇员与企业的关系上，合作共事的准则存在差异。

四、案例分析题

1. 从商业道德角度看洛佩斯的行为，明显表现为不守商业信用。

2. 商业伦理基本职业道德：

履行岗位职责，真心实意为顾客服务。刻苦钻研业务，掌握商品知识，干一行，爱一行，专一行，精一行，自尊自强，敢于竞争，努力做好本职工作。诚实守信。买卖公平，货真价实，童叟无欺，讲求信誉，信守承诺。不短斤缺两，不出售假冒伪劣商品，不做虚假广告宣传，不推诿责任，不责难服务对象。

礼貌待客。为顾客创造整洁优美环境，精神饱满，仪容端庄，举止文明，用语礼貌，善待顾客，服务规范，讲真话，卖真品，献真心，切实维护消费者利益。

文明服务。主动热情，耐心周到，顾客至上，方便群众，乐于助人，亲切自然，不搞"抢逼围"。以亲切的语言接待人，以良好的形象感染人，以满意的服务信服人。

第3章　参考答案

一、单项选择题

1. A　　　　　　2. B　　　　　　3. A、B、C、D　　　　4. D

二、多项选择题

1. ABC　　　　　2. ABCD　　　　3. ABCD　　　　　4. ABC

5. ABCDE　　　　6. ABCD　　　　7. BCD

三、简答题

1. 企业社会责任，是指在市场经济体制下，企业不仅为自己和股东创造财富，还应该考虑影响或受影响于企业行为的相关利益人的利益，这些人包括雇员、消费者、社会弱势群体或其他社会人员，并对社会承担应有的责任。卡罗尔企业责任金字塔模型指出，企业责任从下往上共包括四个方面，分别是经济责任、法律责任、伦理责任和慈善责任。其中经济责任、法律责任是基础，是第一层次，它是企业必须承担的最基本的社会责任。具体体现在：（1）企业有明礼诚信、确保产品货真价实的责任；（2）企业有承担科学发展与缴纳税款的责任；（3）企业有承担可持续发展与节约资源的责任；（4）企业有承担公共产品与文化建设的责任；（5）企业有承担扶贫济困和发展慈善事业的责任；（6）企业有承担保护职工健康和确保职工待遇的责任；（7）企业有承担发展科技和自主创新的责任。

2. 现状：缺乏诚信、污染严重、危险作业、逃避国家税收、不正当竞争泛滥。

原因：

（1）以利润为导向的目标强化了企业的经营责任；

（2）企业文化缺乏企业使命感的注入；

（3）政府考核体系偏重经济指标；

（4）社会诚信度的缺失。

3. 环境伦理是伦理学与环境发展的融合，研究人与环境在相互作用过程中所包含的伦理观念与行为。它并非简单地、教条式地传达尊重环境、保护环境的思想，而是在新形势、新条件发展下倡导人与自然环境的和谐、统一发展。

对环境伦理问题的认识决定了我们对环境问题的反应。随着生产方式和生活方式的巨大变化，人类活动对环境也造成了不可逆转的影响。这些问题已经严重危及人类的生存系统，因此，研究环境伦理问题已成为当今时代刻不容缓的课题，是善待自然、保护环境的举措，也是人类寻求自身延续、发展的举措。

环境伦理是制定社会、政治及经济政策的基础，更是商业活动尤其是企业生产应该考虑的重要因素。

4. 我国企业由于其成长环境的特殊性和我国长期以来的文化影响，在商业伦理表现中有它独特的双重性。一方面，中国企业倾向情感管理，强调以情感人、以事业留人的管理方式，注重在员工管理方面的情感培养，这通常使得企业内部人际关系和谐，员工凝聚力强，决策权力集中；另一方面，由于我国许多企业都是由家族式企业发展而来，裙带关系、家长制严重，忽视个人权利和平等的事情时有发生，加上体制、机制不够健全，片面追求经济效益等问题，使得我国企业在商业伦理表现中还暴露出许多弊病。因此，综上所述，我国企业在商业伦理表现上应吸取国内外商业伦理中的积极因素，不断适应国际商业活动中新的伦理规则，增强在国际市场上的竞争力。

5. （1）减量化原则（reduce）

要求用较少的原料和能源投入来达到既定生产目的或消费目的，进而从经济活动源头开始节约资源、减少污染。在生产中，减量化原则通常表现在产品的小型化和轻型化方面，包装也应追求简单朴实而不是豪华浪费，从而达到减少废弃物排放的目的。

（2）再使用原则（reuse）

要求制造产品和包装容器能够以初始的形式被反复使用，目的是延长产品和服务的时间长度。再使用原则体现了对当今世界一次性用品泛滥的抵制，提出生产者应该将制品及其包装视同一种日常生活器具来设计，从而使其像餐具和背包一样可以被反复使用。

（3）再循环原则（recycle）

要求生产出来的物品在完成其使用功能后能重新变成可以利用的资源，而不是不可恢复的垃圾。在循环经济中，再循环有两种情况，一种是原级再循环，即废品被循环用来产生同种类型的新产品，如废纸再生形成新的纸张、玻璃瓶生成新的玻璃瓶等等；另一种是次级再循环，即将废物资源转化成其他产品的原料。

6. 作为一种新的经济发展模式，循环经济理念虽然已经逐渐开始被人们所接受，但在认识上，却存在许多误区，如把它当做过去一度盛行的"废弃物回收利用"的变形等等。事实上，相对于传统"线性经济"的发展模式，循环经济是一种全新的

"圈式经济"的发展理念，与以往的任何经济发展模式都有本质的区别：

(1) 循环经济是一种与环境和谐发展的经济模式。

(2) 循环经济不是简单的资源循环。

(3) 循环经济更加关注人的健康安全。

四、案例分析题

1. 爱立信的企业理念始终是"科技需服务于大众"，并且坚持技术应具备对社会和经济的推动力，能够改善所有人的生活质量，推进所有国家与地区的发展。之所以建立"爱立信反应计划"，一方面是爱立信作为一个成功的、知名的企业勇于承担社会责任、发挥自身在社会公共事件上的积极作用；另一方面正因为有了爱立信的种种为社会公益事业做出贡献的行为，使得爱立信的企业形象更加优秀，公众的支持率更加提升，对于其自身的发展也是大有益处的。

2. 一个企业的经济表现和企业承担的社会责任之间是没有任何冲突的。一个企业承担社会责任可以使其在市场上有更好的表现，吸引更多的客户和更好的员工，这对于投资者和股东来说都更具有吸引力。所以对于企业来说，承担社会责任并不是说一定要这么做，而是说这么做可以让一个企业变得更加强大。

3. 从爱立信的行动当中，我国企业应该充分认识到企业最重要的社会责任除了为社会提供优质的产品、优质的服务以外，还必须为企业所在地区的社会发展和环境状况做出应有的贡献，改进企业经营理念，主动承担社会责任。传统市场理念认为企业财富和社会责任此消彼长，不愿意承担社会责任的观点已经过时了。虽然短期内，企业可能会由于牺牲他人的利益而取得一些收益，但是随着时间的积累，市场环境的恶化最终会影响企业自身的发展。因此，新的发展观证实，只有勇于承担社会责任、具有历史使命感的企业才是经久不衰的企业，才是具有持续发展力的企业。

第4章 参考答案

一、单项选择题

1. C 2. B 3. A 4. D 5. A

二、多项选择题

1. ABD 2. ABCD 3. ABC 4. ACD 5. ABCD

三、简答题

1. （1）员工的就业安全，即是指企业要确保员工工作的场所的安全，为员工提供舒适安全的工作环境，同时，还要对员工进行劳动安全卫生教育，防止劳动过程中安全事故的发生，减少职业危害。

（2）员工的社会保障

企业必须落实好缴纳养老保险、失业保险、医疗保险等有关保障福利措施，尽量减轻和免除员工的后顾之忧。企业应尊重员工的隐私权。如果企业终止经营，应该与当地其他经济实体进行合作，以减少失业造成的影响，并尽力为失业人员寻找和提供再受技术培训和再就业的机会。

（3）员工的工作强度

企业不得要求员工在受雇时交纳"押金"或寄存身份证件，员工一周工作不能超过国家规定的最高时限，工资不得低于行业最低标准，为员工提供安全健康的工作条件。

2. 要化解产品风险，首先要分清产品风险的来源，才能做到把产品风险减小到最低程度，有效地保护消费者的利益。

若产品风险来源于产品缺陷，厂商则有责任去弥补此缺陷。产品在出厂前，由于受当时生产条件和技术水平的限制，厂商难以发现产品存在的设计缺陷、制造缺陷。当产品进入流通领域后，厂商若发现产品存在着缺陷，则应及时给予改进，弥补缺陷，以免潜在风险发生。对于可能会造成较大危害的产品设计缺陷，企业应将产品召回。召回产品表面上看会给厂商带来巨大的经济损失，实际上可以使厂商避免陷入被遭受缺陷产品损害的消费者诉讼的危险，同时，也可以为厂商营得良好的声誉。

如果产品本身没有缺陷，产品风险来源于消费者的错误使用，虽然厂商对此种风险造成的损失可以免除承担责任，但可以从人道主义的角度出发，加强对产品正确使用方法和注意事项的宣传和说明，以引导消费者合理使用产品，避免因错误使用而造成的损害。

3. 所谓产品召回（Recall），是指生产商将已经送到批发商、零售商或最终用户手上的产品回收的行为。产品召回最典型原因是由于所售出的产品被发现存在缺陷。

四、案例分析题

（一）根据《产品质量法》，制造商必须承担主要责任，销售商不承担责任。

（二）《产品质量法》第四十六条规定："本法所称缺陷，是指产品存在危及人身、他人财产安全的不合理的危险；产品有保障人体健康和人身、财产安全的国家标准、行业标准的，是指不符合该标准。"因此，本案中的热水器存在不能产生热水的质量瑕疵问题，但不存在产品缺陷。因此，热水器存在的质量问题造成的损害并不是缺陷产品以外的人身、财产损害，不构成产品责任，应是合同责任。因此，本案应为合同纠纷，能源公司应对大酒店承担违约责任。热水器生产厂家对其与能源公司之间的合同的履行亦不符合约定，应对能源公司承担违约责任。

第5章　参考答案

一、单项选择题

1. B　　　　　　　2. A　　　　　　　3. D

二、多项选择题

1. ABCD　　　　　2. ABCD　　　　　3. AB

三、简答题

1. （1）商业企业与厂商之间相互拖欠债务的问题。

（2）回扣。

（3）商业企业与厂商之间关系不平等。

2. 诚实守信、讲求公平、承担社会责任和引导合理消费。

四、案例分析题

1. 广告：两件式组合衣柜以二折出售，结果说只是针对衣柜的一扇门，显然是公司利用消费者求廉心理，在价格上去误导消费者，欺骗消费者。

2. 该案例体现了商业流通过程中企业的广告伦理问题，主要涉及的是广告的虚假宣传问题。

第6章　参考答案

一、单项选择题

1. B　2. A　3. B　4. C　5. C　6. B　7. C　8. A　9. A　10. C

二、多项选择题

1. ABD　　2. ABCD　　3. ABD　　4. ABCD　　5. AB

三、简答题

1.（1）狭义电子商务是指基于 Internet 的交易活动，即产品或服务的买卖。

（2）广义上的电子商务指使用各种电子工具从事商务或活动。这些工具包括从初级的电报、电话、广播、电视、传真到计算机、计算机网络，到国家信息基础结构——信息高速公路（NII）、全球信息基础结构（GII）和 Internet 等现代系统。

2.（1）电子商务的优势：商务活动是以信息交流为前提的，与传统的商务活动相比，电子商务依托网络具有更快、更丰富、更互动、更低成本的优势，商务速度更加快捷，商务联系更加广泛，商务信息更加丰富，商务流通更加充分，商务成本更加低廉。

（2）特点：①高效率、低成本；②便利性；③协作性；④虚拟性；⑤技术依赖性；⑥动态性。

3. 电子商务中通常发生的伦理问题主要有以下几种：（1）虚假信息问题；（2）信用炒作泛滥；（3）网上隐私问题；（4）商业信息安全问题；（5）知识产权问题。

对策：（1）加强和完善法律法规和政策的建设；（2）健全电子商务信用体系；（3）加强电子商务伦理道德教育，提高电子商务主体的诚信意识。

四、案例分析题

可从以下几个方面回答问题：

（1）电子商务发展需要网络支持，因此大力发展网络技术，加强网络安全是电子商务发展的基本保障。

（2）建立一个健全的电子商务法律法规体系和公正、透明、和谐的电子商务法制环境。目前，我国还没有出台专门对网络购物进行规范的法律和行政法规，只有商务部于 2007 年出台的《关于网上交易的指导意见（暂行）》以及北京等部分地区的地方性法规对网络购物有所规范，但都是以原则性规定为主，缺乏具体的保护措施和责罚。遇到网络购物纠纷，主要还是依据《合同法》、《消费者权益保护法》、《产品质量法》等法律及国家有关"三包"规定进行处理。因此，我国急需制定一部《电子商务法》，以引导和规范电子商务活动，防范和减少网上交易风险。

（3）电子商务的主体是人，因此电子商务发展不仅仅是技术问题，更重要的是人们道德伦理观、价值观的构建，只有电子商务的主体在道德伦理上自律，电子商务才能更好地发展。

第7章　参考答案

一、单项选择题

1. A　　2. B　　3. A　　4. C　　5. B

二、多项选择题

1. ABC　　2. ABC　　3. BCD　　4. ABC　　5. ABCDE

三、简答题

1.（1）性别歧视与种族歧视

（2）人权问题

（3）价格歧视

（4）行贿受贿

（5）有害产品

（6）污染

（7）远程通讯

2.（1）利用低价劳动力资源。

（2）掠夺生产所在国的自然资源。

（3）影响甚至控制不发达国家的经济生活。

（4）不公平竞争。

3.（1）国际社会方面

国际社会应该进一步加强合作，制定和优化约束跨国公司伦理责任的行为准则，以发展为核心，以大量的谈判为手段，促使与跨国公司社会责任有关的诸多问题可以纳入到一个相关各方广泛参与讨论的框架中来，从而实现对跨国公司商业伦理的有效国际约束。

（2）跨国公司方面

跨国公司应该正确认识到无论从社会伦理还是自身利益出发，都应该主动约束自己的行为，并且努力承担应尽的社会责任。建立自身的约束机制，如改善公司治理结构，引入职工代表、消费者代表和用户代表共同参与决策的制度，强化社会各方对公司行为的监督与约束；委托基金会、非政府组织或顾问公司，开展工人发展能力的综合项目研究，通过提高工人的发展能力，来推行他们的劳工权益和保护工作，以应对来自社会各方面的伦理道德压力；建立符合自身行业特点的企业责任内部审核制度，并同时建立独立监督和审查程序，从法律或规章制度上约束跨国公司实现伦理责任，向更好的方向发展。

（3）东道国方面

首先，东道国要按照国民待遇原则，与跨国公司建立起企业社会责任审核制度，并要求其制订社会责任活动规划，定期接受检查。通过年度考核企业承担社会责任的绩效来监督跨国公司社会责任的实施。

其次，强化消费者、行业协会、社会舆论等的社会监督作用。对于跨国公司的经营项目、产品质量、履行社会责任的情况以及是否有破坏本国社会利益的行为进行监督、约束。

最后，东道国政府要加强与上述提到的国际相关组织以及跨国公司的合作，通过一定的培训项目来提高本国劳动者的生产、生活技能以及社会和自我发展的意识，从而使本国劳动者在跨国公司履行社会责任的过程中能够起到积极能动的作用。

总之，约束是外部因素，还要通过内部因素才能发挥作用。只有跨国公司自身充分认识到实践和承担社会责任，遵循全球商业伦理的重要作用，才能从根本上解决现今全球性的商业伦理问题，真正实现企业社会责任与经济利益正相关的目标。

四、案例分析题

1. 哥本哈根气候会议的目的和考克斯圆桌会议原则六，即尊重环境——从保护环境发展到改善环境的原则有着共同的目标，就是无论是国家还是企业都应保护并在可能的情况下改善环境，促进可持续发展，防止自然资源的浪费。另外原则十三也提到地区社会的概念，即作为全球化的企业市民，要能为所在地区的社会投入改革力量，改善当地的环境状况。

2. 在经济全球化时代，无论是国家还是企业都要树立起良好的经营目标和价值观，要在生产经营中追求卓越，强调自律，履行道德责任，做一个伦理型国家企业。企业要充分认识到，企业是一个经济组织，更是一个社会组织。履行社会责任，不仅是共同构建起一个良好的外部环境，更是树立了良好的企业品牌形象，为企业的可持续发展奠定坚实的基础。

3. 为了使企业组织在全球繁荣发展，各个国家都应该充分认识到环境污染的危害。跨国公司把生产基地设在国外，就难以避免地要使用当地的自然资源。然而，非常有违商业伦理的是，很多企业将在本国不能通过排放要求或者是能耗超标、不允许生产的项目搬到了其他国家生产，大肆掠夺当地的自然资源和生态资源。跨国公司这种掠夺方式表面上看是合理的交易程序，实际上却是更野蛮的掠夺，剥夺的不仅仅是当地居民的财富，更是其子子孙孙的财富，并且掩盖在合理、合法的面具之下。这样的直接后果就是穷国会进一步丧失其发展资本，彻底沦为富国的附庸。

4. （1）要努力承担起社会责任

在经济全球化时代，企业要树立起良好的经营目标和价值观，要在生产经营中追求卓越，强调自律，履行道德责任，做一个伦理型企业。企业要充分认识到，企业是一个经济组织，更是一个社会组织。履行社会责任，不仅是共同构建起一个良好的外部环境，更是树立了良好的企业品牌形象，为企业的可持续发展奠定坚实的基础。

（2）要构建诚信的商业环境

经济学原理告诉我们，诚信可以降低整个社会的交易成本。短期来看，也许部分不讲诚信者反而有利可图，但是当这样错误的伦理观蔓延时，破坏的不仅仅是个人的利益，而是整个商业秩序。例如，安达信的案例，它的不诚信已经远远超出了给自己带来的损失，而使整个注册会计师行业的根基都受到了公众的置疑。因此，只有构建充满诚信的市场经济大环境才是有利于我们发展全球经济的基础。

（3）要汲取优秀的中国传统文化

"仁、义、礼、智、信"及"天人合一"的理念是儒家伦理的核心，也是中华民族优秀的传统道德的集中体现。我国商业伦理在形成和发展中，要积极汲取优秀的中国传统文化，将儒学伦理的精华与市场经济的内在要求有机结合起来，形成既植根于中国传统文化土壤，又有时代特点的有中国特色的现代商业伦理观，在参与国际经济活动时体现出独有的魅力。

第8章　参考答案

一、单项选择题

1. A　　　2. A　　　3. B　　　4. A　　　5. D

二、多项选择题

1. ABCDE　2. ABCDE　3. ABCD　4. ABCD　5. ABC

三、简答题　　（略）

四、案例分析题　　（略）

第9章　参考答案

一、单项选择题

1. A　　　2. C　　　3. D　　　4. D　　　5. B

二、多项选择题

1. ACDE　　2. ABCD　　3. ABCD　　4. ABDE

三、简答题

1. 为人民服务，对人民负责；文明经商，礼貌待客；遵纪守法，货真价实；买卖公平，诚实无欺等。

2. 要规避道德风险，首先要依靠法律。目前，我国法律体制的完善是一个长期的问题，需逐步完善。从商业运作方面，我们可以采取如下措施来规避道德风险：

（1）期权制

这是最常见的用商业手段来化解道德风险的手法。它利用体现企业长期发展的股票，将职业经理人的利益和企业的未来紧紧地系在了一起，能有效规避职业经理人的道德风险，防止职业经理人为了眼前的得利而透支企业的未来。

（2）独立董事制度

现在中国社会上，最惹人瞩目的道德风险，莫过于上市企业里第一大股东的道德风险。因为中国法制赋予了第一大股东"说一不二"的企业掌事权，第一大股东占据大部分企业董事会席位已经是习以为常的事情。而第一大股东道德风险的社会危害性，也从银广厦等事件中表现无遗，而对付这种道德风险最有效的方法莫过于独立董事制度。

（3）商业担保机构

商界里流行这么一句话，"不是没有资金，不是没有项目，就是没有信用"。银行出于对企业道德风险的规避，使一般企业的贷款面对很大的困难。企业没有钱，上不了项目，当然没有生产效益。而银行的钱贷不出去，自然也别提资金效益了。有需求，有供给，就是这个道德风险在中间碍事，使两者找不到结合点。而面对这种情况，有一种商业运作方式是能够有效解决的，它就是专业商业担保机构的加入。这种商业运作方法能达到三方共赢，的确是一种极好的规避风险的方法。

（4）商业信用认证机构

国内已经有不少这样的机构了，但由于它们大多是非赢利的，而且与政府机关又有千丝万缕的关系，所以就会出现认证无权威性，认证很容易得到的现象。在国外，有些很权威的认证机构都是赢利性的，而且相当独立。它们的生存依靠的是自己的公信性，运营的就是信用，所以它们对自己的信誉惜之如命。在这样的机构，对信用的认证自然也是严谨，甚至于苛刻的。也只有这样，才能真正起到减少道德风险的作用。

3. （1）功能：

导向功能、凝聚功能、规范功能、激励功能。

（2）作用：

有助于企业享有良好的商誉，提高其社会地位。

企业的资产包括有形资产和无形资产两大类。综观国内外，著名企业的无形资产都远远大于有形资产，从一定意义上说，无形资产的大小决定一个现代企业的价值，企业伦理就是一种重要的无形资产，商誉又是无形资产中的关键因素。企业商誉是一个企业获得社会公众信任和赞美的程度，它已越来越成为企业赢得现代竞争的一种重要手段，商誉的好坏直接影响着企业的发展。

加入 WTO 后，中国企业融入世界经济一体化、认同市场经济伦理道德的形势非常紧迫。我们面对的是全球化的市场，我们面临的竞争对手除了国内企业外，还有一直对中国市场虎视眈眈的跨国企业。因此，中国企业必须通过逐步建立"诚信、公平"的伦理道德，进一步完善中国的市场经济体制，才能更好地融入经济一体化的全球环境。

四、案例分析题

1. 当然不是。从案例中可以明显看出商业道德也是同行业甚至不同行业之间都相互负有的责任。

2. 从案例中可以看出，商业道德被漠视就会使企业和消费者之间的信任感不存在，而信任危机一旦产生，就不仅是某个企业的危机，而会给整个行业甚至整个社会带来严重后果。比如，人与人之间信任感也会减弱，使社会不和谐。商业道德一旦丧失，有时候还会危及到下一代，三鹿奶粉事件就是一个非常值得人们深思的例子。

参考文献

［1］纪良纲．商业伦理学．北京：中国人民大学出版社，2005

［2］宋辉艳．三鹿奶粉事件引发的企业社会责任再思考．技术与创新管理，2009 年 9 月．第 30 卷第 5 期

［3］王新新．社会责任金字塔模型及其启示．企业研究，总第 272 期

［4］燕补林．我国企业社会责任现状分析及其对策．商业研究，2009 年第 5 期

［5］Joseph R. Nolan and Jacqueline M. Nolan-Haley, Black's Law Dictionary (St. Paul, MN：West Publishing Company，1990)

［6］淮安质量技术监督局．关于我市小麦粉等五类产品质量国家监督抽查的情况反映．质量技术监督重要情况反映，2002 年第 1 期

［7］Op. cit. Black's Law Dictionary

［8］夏襄蓉．商务周刊，2005 年 24 期

［9］赵莉，吴学霞．电子商务概论．武汉：华中科技大学出版社，2009

［10］沈雪龙．电子商务的道德问题及其解决思路．科技信息，2008 年第 17 期

［11］张勇．电子商务的伦理构建．经济漫谈，2003 年第 23 期

［12］宋玲．电子商务——21 世纪的机遇与挑战．北京：电子工业出版社，2000

［13］冯益谦．公共伦理学．广州：华南理工大学出版社，2004.8

［14］曾凡银，冯宗宪．贸易、环境与发展中国家的经济发展研究．安徽大学学报：哲学社会科学版，2000 年第 4 期

［15］夏友富．外商投资中国污染密集产业现状、后果及其对策研究．管理世界，1999 年第 3 期

［16］曹凤月．企业道德责任研究论纲．中国劳动关系学院学报，2005 年第 1 期

［17］谢鹏．如何寻求社会责任与企业利润的平衡点．商务周刊，2007 年第 6 期

［18］（美）戴维·J·弗里切（David J·Fritzsche）著，杨斌等译．商业伦理学．北京：机械工业出版社，1999

［19］（美）埃德温·爱泼斯坦．美国的商业伦理．国外社会科学文摘，2000 年第 12 期

［20］张松山．商业伦理学．北京：中国商业出版社，1994

［21］周利国，王永光．商业伦理学．北京：中国对外经济贸易出版社，2005

［22］戴顺芳．现代商业道德．北京：中国商业出版社，1992

［23］张羿．后现代企业与管理革命．昆明：云南人民出版社，2004

［24］千高原．企业伦理学．北京：中国纺织出版社，2000

［25］陈荣耀．企业伦理．上海：华东师范大学出版社，2001

［26］朱泰．企业伦理文化：现代企业发展的精神实质．学术探索，2002年第3期

［27］欧阳润平．企业核心竞争力与企业伦理品质．伦理学研究，2003年第5期